아무도 가르쳐 주지 않는
중소기업 이야기

아무도 가르쳐 주지 않는
중소기업 이야기

초판 인쇄 | 2019년 8월 1일
초판 발행 | 2019년 8월 5일
1판 1쇄 발행 | 2019년 10월 15일

지은이	김기태 · 최경희 공저
간지 사진	강석희
표지 그림	김동희 건축가/아티스트
발행인	조규백
디자인	박재선
발행처	도서출판 구민사
	(07293) 서울특별시 영등포구 문래북로 116, 604호(문래동3가 46, 트리플렉스)
전화	02.701.7421~2
팩스	02.3273.9642
홈페이지	www.kuhminsa.co.kr
신고번호	제 2012-000055호 (1980년 2월 4일)
ISBN	979-11-5813-709-0(13190)
값	13,000원

이 책은 구민사가 저작권자와 계약하여 발행한 책으로 본사의 서면 허락 없이는
어떠한 형태나 수단으로도 이 책의 내용을 이용할 수 없음을 알려드립니다.

이 제작물은 아모레퍼시픽의 아리따글꼴을 사용하여 디자인되었습니다.

아무도 가르쳐 주지 않는
중소기업 이야기

김기태 · 최경희 공저

구민사

프롤로그

　나는 대기업에서 기획과 인사업무를 하다가 중소기업 인사팀장으로 전직하여, 관리이사를 거쳐 전문경영인까지 승진을 하였다.

　업무를 수행하면서 수많은 직원들과 면담을 하였고, 대기업과 중소기업 직원들의 차이를 실제로 체험하였으며, 중소기업에 다니는 직원들의 고충을 누구보다도 잘 알고 있다고 자부한다. 그들에게 진정한 도움을 주기 위해서 중소기업 오너의 성공전략보다는 중소기업 직원들에게 도움이 될 수 있는 내용에 중점을 두고 글을 썼다.

　대부분의 사람들은 중소기업은 근무환경이 열악하다, 대기업에 비해서 연봉이 많이 적다는 등의 피상적인 말만 할 뿐 좋은 중소기업을 선택하는 방법, 효율적인 근무 요령 등에 대해서는 가르쳐 주지 않는다. 이에 본 도서를 통하여 그런 부분에 대해 명쾌한 해답을 제공하고자 하였다.

대기업과 외국계기업, 중소기업 두 곳에서 근무한 경험을 토대로 대기업보다 중소기업에 다니면서 힘들었던 부분들을 중점적으로 설명해 놓았다.

대기업에서 아무리 고용인원을 늘린다고 하더라도 입사 희망자 모두를 채용할 수는 없기 때문에 중소기업에 신입으로 입사를 하여 사회생활을 시작하는 청년들이 많고, 대기업에서 중소기업으로 전직하는 사람들도 있을 것이다.

미리 단점들까지 알고 중소기업에 입사를 하면 당황하지 않고 대비책을 세워 나가기가 수월할 것이고, 또한 지레짐작으로 어려운 점만 생각하고 중소기업을 아예 피해 버리는 실수도 범하지 않을 수 있다.

만약에 중소기업 리더가 이 책을 읽는다면 직원들과 기업의 단점을 없애 나가고자 함께 노력을 하면 된다. 우리 회사는 이 책에서 언급된 중소기업의 단점 중에 몇 가지나 해당되는가 체크리스트를 만들어서 점검해 보고 어떤 부분부터 개선할 것인가를 고민하는 것이 바람직하다.

만일 정부에 계시는 분이 이 책을 읽는다면 여기에서 언급한 중소기업 임직원들의 고충을 충분히 알고 정책을 입안하는 것이 좋겠다.

이 책에 중소기업에서 체험한 것을 가감없이 솔직히 기술하였다. 내가 재직한 중소기업과 주변 회사의 이야기를 전체 중소기업의 이야기인 양 떠든다는 비판이 있을 수 있지만, 중소기업에서 인사팀장, 임원, 전문경영인까지 역임하면서 수많은 회사 경영자와 직원들을 만나서 오랜시간 대화도 나누고 직접 체험을 하였기 때문에 소설같은 이야기는 아닐 것이다.

나의 기획의도를 듣고 나서 항상 열린 사고로 젊은이들의 미래를 걱정하고 바라보는 한국복지사이버대학 심리상담치료학과 최경희 교수님도 흔쾌히 공저자로서 집필에 참여하여 주셨다.

최경희 교수는 3장에서 직장인들이 스트레스에 무방비로 노출되면 멘탈과 신체 건강을 유지하는 일이 쉽지 않을 것이라고 하였다. 특히 중소기업에 대한 편견때문에 부가적으로 겪는 심리적 불편함과 부정적 감정을 잘 컨트롤 하는 것이 중요하다고 강조한다. 3장은 감정이 우리에게 속한 일부 특성이므로 우리가 통제할 수 있는 영역이 될 수 있도록 정신적 건강을 지키기 위해 마련한 파트이다.

  학교와 사회에는 이미 기업 조직을 다루는 수많은 책들이 홍수처럼 나와 있고, 명강의를 하는 강사들도 많다. 하지만 중소기업 임직원들 입장에서 솔직한 이야기를 하는 것에는 한계가 있다.
  이에 비전과 자기 개발 없이 환경만 탓하고 있는 중소기업 직원이 현실 인식을 똑바로 하고, 환경을 극복할 수 있는 방향을 제시해주기 위해서 글을 쓰기 시작하였다.

  이 책을 읽는 독자들에게 솔직한 중소기업 이야기를 전하니 단점에 대해서 좌절하지 않고 그 속에서도 대기업 임직원 이상으로 자아실현을 하는 사람들도 많다는 점을 반드시 명심하고, 각자에게 맞는 전략을 세워서 정진하는 힘이 되길 기대한다.

2019년 8월
작가 김기태

차례

프롤로그   004
들어가기   012

I. 중소기업과 대기업의 다른 점과 지혜로운 대처방법

1. 금전적인 부분에서   024
2. 근무에 있어서   034
3. 근무 외적인 부분에서   048

II. 좋은 중소기업을 선택하는 방법

1. 회사 설립일을 파악하라   061
2. 입사 전 필수 검토사항   061
3. 회사 홈페이지를 꼼꼼히 살펴보아라   065
4. 인사팀이 있는 회사가 장점이 많다   067
5. 대기업 협력업체가 자금력이 안정적이다   068
6. 근무하고 있는 직원들의 표정을 관찰하라   070

III. 중소기업 생활은 마음의 내공이 좌우한다!

1. 알아주지 않아도 당신의 삶은 괜찮은 삶이다. 074
2. 보이지 않아도 아름다움은 존재한다 080
3. 그래도 당신은 사랑스럽다 084
4. 일이 취미라고요? 088
5. 참는 자에게 복이 온다고? 090
6. 소울메이트를 만들 수 있는가? 094
7. 성격에 맞는 감정 조절법 102
8. 감정 조절의 주문을 외워라 107
9. 인터벌(Interval)을 두면 이 또한 지나가리라 110
10. 이름을 붙여줘야 감정이 순해진다 : Definition 118
11. 감정을 표출하라 : Expression 122
12. 마법에 걸려라! : Abracadabra 129

에필로그 136

이 책은 직원수가 30인 이상인 중소기업에서
참고하여야 할 내용을 담고 있습니다.
소수의 임직원을 필요로 하는 업종에서는
적용하기 힘든 부분이 있을 수 있으니
이 점 널리 양지하여 주시기 바랍니다.

들어가기

대기업 퇴직 후 중소기업 A로 출근한 첫날, 많은 직원들이 반겨줄 거라고 생각하며 좋은 이미지를 주고 싶은 마음에 약속된 9시보다 일찍 출근했다. 8시였다. 하지만 회사문은 굳게 잠겨 있었고 9시까지 1시간을 밖에서 기다려야 했다. 직원들 모두 9시가 가까워져서야 출근을 했다.

대기업에 다닐 때는 공식적인 출근시간보다 1시간 정도 빨리 도착해서 회사 구내식당에서 아침식사도 하였는데, 9시가 다 되어서야 삼삼오오 출근하는 직원들의 모습에 어리둥절했다.

뒤늦게 자리를 안내받고 둘러보니 서랍에는 이전 직원이 사용하던 물품과 파일박스가 그대로 들어있었다. 개인 사무용품은 하나도 없었고, 컴퓨터는 3일 뒤에나 오니 일단 노트북을 사용하고 있으라고 했다.

3일 뒤 도착한 조립 PC는 제대로 조립이 되어 있지 않아서 일은 못하고 일주일 동안 컴퓨터와 씨름을 하면서 보냈다. 기술력이 우수하다고 소문난 IT 회사에서 이런 일도 있구나 하고 혼자 쓴 웃음을 지었다.

나를 스카우트한 기획팀장은 회사에 체계가 없어서 이렇다며 미안하다는 말만 반복했다. 이런 상황이라 회사 체계를 만들기 위해서 나를 인사팀장으로 스카우트한 것이니 앞으로 체계를 잘 만들어 달라고 했다. 나는 미소로 대답을 대신 했지만 답답한 마음뿐이었다.

사무실을 둘러보니 5층짜리 건물은 제대로 인테리어도 되어 있지 않았고 남녀 화장실이 사무실 안에 있었다. 어두컴컴한 조명 때문에 마치 반지하방 같았는데, 오너는 그 사옥을 가지고 있는 것을 무척이나 자랑스러워했다.

내가 소속된 인사팀은 팀원 없이 나 혼자만 달랑 팀장으로 스카우트돼 있고, 내 자리는 3층 여자 화장실 바로 앞에 있었다. 아무도 앉고 싶어하지 않아 남은 공석을 나에게 준 것이었다. 이렇게 나의 중소기업에서의 생활이 시작되었다.

훗날 다른 중소기업 B에 상무이사로 입사했을 때의 첫날도 별반 차이는 없었다. 내 전용 승용차를 지급해 주었는데, 차키를 받고 가보니 세차도 되어 있지 않고, 담배꽁초가 넘쳐 있었으며, 기름은 바닥이었다. 개인 문구류는 없었지만 그나마 컴퓨터가 책상에 놓여져 있는 게 다행이었다. 경험했던 중소기업 두 곳 모두 신규 입사자를 배려하는 자세가 제로에 가까웠다.

두 회사 모두 신규 입사자들에게 회사에 대한 긍정적 이미지를 주기 위해 첫날 자리 세팅은 어떻게 해야 하는지부터 입문교육까지 귀에 딱지가 앉도록 말하고 교육해야 했다. 그 부분을 바꾸는 데도 오랜 시간 투자를 해야만 했고 많은 교육이 필요했다.

대기업에서 이직했던 첫 중소기업인 A사는 청소하시는 분이 화장실 청소만 해주고 사무실의 쓰레기통만 비워 주었다. 바닥이 지저분하면 본인 자리는 본인이 치우라는 것이었다. '아, 이런 거부터 다르구나' 하는 것을 느꼈다. 두 번째 중소기업 B사는 아예 매주 금요일 사무실 청소하는 시간을 따로 정해 놓고 전 직원이 사무실 청소를 하였다. 이런 부분이 대기업과는 다르다는 것을 또 한 번

느낄 수 있었다.

　입사 첫날 흔히 볼 수 있는 중소기업의 모습이다. 입사 첫날 나에게 관심 없는 경우가 있더라도 회사가 유독 나에게만 관심이 없다고 생각할 필요가 전혀 없다는 것을 강조하기 위해서 사소한 부분까지 서술하였다. 이러한 부분이 마음에 들지 않는 분들은 그렇지 않은 중소기업도 많기 때문에 면접을 보러 가서 사무실 분위기를 꼼꼼히 관찰해 보는 것이 도움이 될 것이다.

　내가 경험한 중소기업 중 한 곳은 연혁이 20년 이상 되어서 그 분야에서는 실적이나 기술력 등이 우수하다고 하는 IT 업체였고, 한 곳은 해외사업을 주로 하였는데 홍보를 잘해서 회사나 경영자가 자주 언론에 노출되는 회사였다. 두 곳 모두 외부에서는 내실있는 회사로 알려져 있지만 본 책에서는 회사명을 밝히지 않고 좋지 않았던 부분을 진실하게 표현하려고 노력하였다. 그렇게 해야 이 책을 읽는 독자들이 실질적인 이야기를 통해 도움을 받을 수 있을 것이라고 판단하였다.

대기업에 다니는 것과 중소기업에 다니는 것의 차이점을 언급하다 보면 자칫 중소기업에 다니는 직원들의 사기를 저하시킬 수 있고, 중소기업에 입사를 하고자 하는 예비 직장인들에게도 영향을 미칠 수가 있기 때문에 말하기 조심스러운 것이 사실이다. 하지만 엄연히 존재하는 차이점에 대해 정확하게 인지하고 있어야 대비할 수도 있고, 회사 입장에서도 직원들과 한 방향으로 힘을 모아서 그 간격을 좁혀야 더 좋은 회사를 만들어 나갈 수 있을 것이다.

I

중소기업과 대기업의 다른 점과 지혜로운 대처방법

본 장에서는 중소기업 근무와 대기업 근무의 차이점을 설명하고, 중소기업 직원들이 차이점에 대해서 지혜롭게 대처하는 방법을 설명하였다.

Ⅰ. 중소기업과 대기업의 다른 점과 지혜로운 대처방법

  중소기업은 자본금, 종업원, 시설 등이 상대적으로 작은 기업으로, 국가별로 산업 특성과 경제 상황 등에 따라 법령으로 규정하고 있어 범위에 차이가 있다.
  이 책은 직원수 30인 이상인 중소기업에서 참고하여야 할 내용을 담고 있다.

  개인별로 각자 다른 이유가 있겠지만 학교 졸업 후 대기업 입사가 여의치 못하여 중소기업에서 근무하고 있거나 어쩔 수 없이 대기업을 그만두고 중소기업으로 전직해야만 하는 경우도 있을 것이다. 하지만 중소기업에 다니고 있으면서 대기업과 중소기업을 비교하며 한탄만 하고 있을 수도 없고 또 금전적 여유도 없이 무작정 빚을 내서 자영업을 할 수도 없지 않은가?

몇해 전 대학교에 취업강의를 나갔을 때 졸업 후에 대기업에 취업하고 싶은 사람들과 중소기업에 취업하고 싶은 사람들을 파악해 보니 중소기업에 취업하겠다고 하는 학생들은 거의 없었다. 취업을 준비하는 많은 학생들이 대기업을 선호하고 있다는 이야기인데 이 중에는 본인의 적성은 고려하지 않은 채 대기업에 입사를 희망하는 학생들이 있다. 나는 무조건 대기업을 선호하기보다는 작은 기업이라도 자신의 적성에 맞고 좋아하는 일을 하면서 비전을 가지고 자아실현을 이루어 가는 젊은이들이 많아졌으면 하는 바람을 가지고 있다.

사람마다 설계하고 있는 미래와 자신이 추구하는 가치관 등이 다르기 때문에 스스로 판단해서 결정을 내리면 그것이 바로 정답이 될 수 있다.

대기업의 장점으로는 안정성과 높은 급여수준, 복지제도 등을 들 수 있다. 비슷한 연령대보다 높은 연봉을 받아 안정적이고 좀 더 윤택한 삶을 살아갈 수 있고, 개인의 경력 관리에도 유리한 것이 사실이다. 하지만 전반적으로 업무량이 많고, 조직화·체계화된 시스템 안에서 일하다 보니 자율성이 많이 없는 편이다. 처음 사회생활을 시작하는 사람은 이 부분을 힘들어 할 수도 있다. 반면에 중소기업은 대기업처럼 오랜 기간 교육 훈련을 실시하거나 수습 기간을 별도로 두고 신입사원에게 일을 주는 시스템이 아니라 바로 실무를 맡기는 경우가 많다.

대기업에 근무하는 것보다 중소기업에서 근무하면서 얻는 장점도 많다. 그런 장점을 취할 수 있는 방법을 몰라서 자신도 모르게 기회를 잡지 못하는 경우를 의외로 많이 보았다.

중소기업에서 인사팀장, 이사, 대표이사를 역임하면서 직원들을 면담하고 관찰해 본 결과 많은 직원들이 중소기업에서 본인이 취해야 할 것들, 대기업이 아니라 중소기업에 근무하기 때문에 만들 수 있는 좋은 기회를 아예 모르고 있었다. 본인 고집대로만 하다가 전직을 할 때 본인의 몸값을 높이기보다 비슷한 조건 속에서 작은 회사들만 옮겨 다니고 어느 순간부터는 퇴보하는 경우도 있었다. 따라서 중소기업과 대기업의 차이점을 이해하고 지혜롭게 극복하기 위한 팁들을 제시하고자 한다.

1.
금전적인 부분에서

  2018년 대기업 대졸 신입직원의 평균 초봉이 처음으로 4,000만원대에 진입하며 중소기업과의 격차를 더 벌렸다. 취업포털 잡코리아는 2018년 국내 주요 대기업 154개사와 중소기업 242개사를 대상으로 4년제 대학 졸업 신입직원의 첫 해 연봉을 조사한 결과, 대기업은 평균 4,060만원, 중소기업은 평균 2,730만원으로 집계됐다고 밝혔다.
(출처 : 잡코리아/www.jobkorea.co.kr)

  대기업과 중소기업의 가장 큰 차이는 연봉의 많고 적음이다. 대기업은 상여금까지 합하면 상당히 많은 연봉을 받는데 중소기업은 상대적으로 낮은 형편이다. 나의 경우도 대기업에서 중소기업으로 전직하면서 1,000만원 이상의 연봉 삭감을 감수해야 했다.

  복리후생제도에 있어서도 건강검진, 교육지원 등 각종 지원제도에서 차이가 있다. 또한 출장여비규정에도 차이가 있다. 대기업은 출장을 갈 경우 숙박비, 일비, 식대 등 출장여비를 여유 있게 받을 수 있지만 대부분의 중소기업은 출장여비를 타이트하게 받는다. 숙박비의 경우 대기업은 여러 명이 출장을 갈 경우 인당 숙박비를 지급하지만 중소기업은 3명 이상이 출장을 가더라도 방 하나를 잡을 숙박비만 지급하기도 한다. 그러나 최근에는 회사의 가치를 높이기 위하여 높은 수준의 복리후생제도를 도입하고 있는 중소기업이 늘어나고 있다.

중소기업들이 복리후생제도 개선에 노력을 기울이는 이유는 인재로 양성된 직원이 기업가치의 핵심자원이므로 직원에 대한 투자를 강화해 기업 경쟁력을 높이기 위한 것이다. 실제로 이런 중소기업이 늘고 있다는 것은 다행이라고 생각한다.

한편, 대기업에 재직 중인 직원과 중소기업에 다니는 직원은 대출을 받을 때도 차이가 난다. 회사의 신용도와 관계가 있기 때문이다. 직장의 우량도, 규모 및 신용도가 개인 신용대출 한도와 금리에 영향을 줄 수밖에 없다. 동일 근무연차라고 하더라도 대기업에 다니는 직원과 중소기업에 다니는 직원은 마이너스 통장 한도나 대출 가능 금액에 차이가 난다.

결혼을 앞두고 대출을 받기 위해 은행에 갔다가 의기소침해서 면담을 요청하는 직원들이 있었다. 회사에서 대신 대출을 해줄 수도 없는 노릇이고, 이런 이유로 아까운 인재가 안타깝게도 전직을 하는 경우가 있어서 인사팀장 시절 참으로 힘들었던 경험이 있다.

은행에 대출을 신청하여 심사하면 중소기업이 대기업만큼 신용점수가 나올 수는 없다. 이로 인해서 직원들의 대출 규모와 이율까지 차이가 나게 되는데 이러한 부분을 잘 모르는 경우가 많다. 하지만 긍정적으로 생각한다면 적금을 넣는 습관을 더 강하게 키울 수도 있고, 대출을 받지 않고 규모있게 생활하는 습관을 가지면 근무연차가 늘어갈수록 대기업 직원들보다 더 안정된 생활을 할 수 있다.

상식적인 말이겠지만 수입이 적다면 지출을 줄여야 한

다. 대기업에 다니는 직원들도 마찬가지겠지만 중소기업에 다니는 직원은 급여를 받으면 적금을 하는 습관을 더 철저하게 길러야 한다.

'나는 더 큰 회사에 더 나은 처우를 받으면서 전직할 거야. 지금 재직 중인 회사는 연봉도 얼마 되지 않으니 그냥 내 실력을 키우는 목적으로 퇴근 이후에 학원비로 투자하자', '체력단련비로 모두 투자하자'라고 생각하면서 적금을 하지 않는 직원들을 많이 보았다. 말은 그럴듯하지만 실제로 그런 용도로만 지출을 하는 직원은 보지 못했다. 이는 내가 실제로 직원들과 면담 과정에서 체험한 내용이기도 하다.

더 나은 처우를 받고 좋은 직장으로 전직한다는 보장도 없을뿐더러 습관이라는 게 하루아침에 바뀌지 않는다. 중소기업에서 아무리 연봉을 적게 받는다고 하더라도 수입의 30% 이상은 무조건 적금을 넣는 것을 철칙으로 하여라.

자주 가는 은행을 정해서 은행 직원 한 명과 친해지는

것도 좋은 방법이다. 그 직원을 통해서 적금뿐만 아니라 펀드 등 여러 금융상품을 수시로 소개 받을 수 있도록 채널을 구축해 놓는 것이 좋다.

틈틈이 금융상식을 공부해 놓는 게 나이가 들어서도 도움이 되는데 좀 더 일찍 그런 부분에 눈을 뜨지 못했던 것을 지금도 후회하고 있다. 독자들은 좀 더 빨리 시간이 나는 대로 금융상식을 키우는 노력을 하기 바란다.

대기업에서 중소기업으로 스카우트되어서 입사하는 경우에는 구두로 인센티브 약속을 받는 경우가 많다. 하지만 이런 경우 실제로 인센티브를 받는 경우는 거의 없다고 보는 것이 좋다. 대기업과 달리 실현 가능한 목표가 부여되지 않기 때문이다. 중소기업은 목표 달성이 몇 배나 더 어렵다는 것을 반드시 인식하여야 한다.

중소기업 오너가 직원들에게 회사가 목표를 달성하거나 규모가 커지면 현금이나 주식으로 인센티브를 주겠다고 약속하는 경우에도 약속한 만큼의 인센티브를 주는 중소기업은 거의 없다.

　매출 규모나 기술적인 면에서 우수한 중소기업의 경우도 오너나 창업멤버들끼리 수익금을 인센티브로 나누어 가지는 경우가 대부분이지 직원들에게 많은 인센티브를 주는 회사를 본 적이 없다. 방송 등에서 그런 경영자가 있다고 떠드는 경우는 홍보성이라고 보면 된다. 실제로 그런 경우는 드물다.
　그렇기 때문에 인센티브 약속을 받으면 반드시 서면으로 받아 두어야 함을 명심해야 하며, 미래의 인센티브보다는 현재의 좋은 처우 조건을 요구하는 것이 보다 현명한 방법이다.

　인센티브는 법적인 책임이 없으며 회사의 융통성으로 운영이 된다. 이익이 많이 나는 회사가 인센티브를 더 많이 줄 수 있는 여력이 되는데, 중소기업은 이익을 많이 남겨서 많은 인센티브를 줄 수 있는 환경을 만들기가 힘든 게 현실이다.

입사 후 3개월 이상 급여가 밀리는 회사는 빨리 퇴사하기를 권유한다. 급여가 밀리는 회사에 단순히 급여만이 문제가 아니다. 4대 보험료, 국세, 지방세, 대출이자, 협력업체에 결제해 줄 자금까지 많은 부분들이 미지급금으로 밀려 있을 것이다. 이러한 회사는 시간이 지날수록 자금 사정이 더 악화되어 체납으로 인한 법인계좌 압류 등으로 이어질 것이고, 결국에는 직원들의 퇴직금과 급여를 지급할 능력까지 완전히 상실하게 된다. 주변에서 이런 회사를 실제로 많이 보았다.

그런 회사는 미련 없이 퇴사해서 노동청으로 진정서를 내야 하며, 최대한 빨리 움직여야 체불임금을 받아내기 쉽다. 내가 본 회사 중에는 장기간 임금이 체불되어 퇴사자 여러 명이 단체로 움직이는 경우도 있었는데 그런 상황까지 가면 채무액이 커서 회사가 변제할 엄두도 못 낸다. 회사가 돈을 못 벌어서 돈이 없는데 급여를 어떻게 주냐는 오너들의 볼멘 소리가 의외로 많다.

나는 직원들 급여를 제때에 지급하지 못하는 회사의 경영자가 고급 승용차를 타고 다니거나 명품 옷만 입고 다니는 것을 본 적도 있다. 극히 일부이긴 하지만 이런 회사의 경우 직원들이 회사에 대해 비전이 없다고 생각하는 것이 섣부른 판단은 아니라고 생각한다. 그런 회사는 위기 상황을 극복하고 좋은 경영 상황이 된다고 하여도 결국 경영자만 혜택을 본다.

정부는 최저임금을 올리고 이를 지킬 수 있도록 권장하지만 월급이 오르기는커녕 오히려 급여가 밀리는 중소기업이 있다. 급여를 제대로 지급하지 않고 일자를 미루는 경우다.

주변에서 급여일을 지키지 못하는 회사를 너무 많이 봐서 전문경영인으로 재직 중일 때 무슨 일이 있어도 급여는 반드시 지급하여야 한다는 기본원칙을 가지고, 급여일 아침에 바로 지급될 수 있도록 이 원칙을 최우선으로 삼았을 정도이다.

2.
근무에 있어서

중소기업에서 법과 현실의 괴리는 여전하다. 정부는 출산율을 높인다고 육아 휴직을 장려하고 있지만, 중소기업에서는 법과 현실이 엇박자를 내는 경우가 많다.

내가 다녔던 중소기업의 경우도 여직원이 출산을 하게 되면 법적으로 부여된 출산휴가를 주지 않기 위해 퇴사 압박을 하거나, 출산 후 복귀한다고 해도 퇴사를 유도해 경력단절로 이어지는 경우가 많았다. 주변 회사들을 보아도 중소기업에서 경리업무 외에 출산 후 회사에 복귀하여 다니는 경우를 잘 보지 못했다.

요즘은 많은 여성들이 잠깐 취업해서 결혼자금을 모으고 퇴사하는 것이 아닌, 결혼 후에도 계속 일하는 것을 원하고 있다. 대기업은 법적으로 부여된 출산휴가를 모두 사용하고 이후에도 계속 회사를 다니는 경우가 많은데 중소기업에서는 그런 경우가 드물어 근무하면서 상당히 안타깝게 느꼈었다.

모든 중소기업이 그런 것은 아니겠지만 제품 납품 후 유지보수까지 해야 하는 중소기업의 경우 출장이 잦고 그 중에서도 장기출장이 많다. 대기업과 같은 규모의 출장여비를 받을 수 없음은 물론이다. 납품이 끝난 후에도 유지보수를 위한 출장이 빈번히 발생한다. 대기업과 달리 A/S 전담팀이 따로 존재하지 않는 중소기업들이 대부분이기 때문이다. 결혼을 한 직원들의 경우 가정생활에 지장이 있을 정도로 장기출장이 많은 경우도 있다. 그런 경우 직원뿐만이 아니라 직원의 가족까지도 고통을 받게 된다.

혹시나 이 글을 읽는 중소기업 경영자가 계신다면 본인 회사 직원들의 연평균 출장일수를 반드시 체크하고 출장이 지나치게 빈번한 분야에는 반드시 충원을 해주도록 권유하고 싶다. 직원 입장에서도 지나치게 출장이 많은 경우 부서장이나 관리파트에 건의하여 출장을 조절해 줄 것을 부탁해 보는 것이 좋다. 출장이 지나치게 많은 경우 건강을 해치게 되고 정상적인 직장생활을 할 수가 없음은 두말할 필요가 없을 것이다.

중소기업에 근무하는 직원들은 회사에서 자기 자신만이 할 수 있는 일을 만들어 나가야 한다. 그 일이 큰일이든 작은 사소한 일이든 상관없이 많으면 많을수록 좋다. 한마디로 말해서 회사에서 내가 빠지면 곤란한 일들을 많이 만들어 나가라.

중소기업에서 3년 정도 근무하고 본인이 조금만 노력을 하면 회사에서 내가 빠지면 안 되는 일을 많이 만들 수 있다. 물론 모든 일은 다른 사람이 대체할 수 있지만 대신에 많은 시간과 노력이 투자되어야 하고 회사에서는 많은 불편을 감수해야 한다. 나만이 처리할 수 있는 일이 중소기업에서는 큰 무기가 되고 연봉 협상에서도 우위를 점하여 대기업에 다니는 친구들과의 격차를 줄일 수 있는 기회로 만들 수 있다.

내 경험으로 보았을 때 중소기업에 3년 동안 최선을 다해서 근무하면, 몸값도 오를 뿐더러 여사원의 경우 임신을 해도 퇴사 유도를 피할 수 있는 무기가 만들어지는 시기이다. 중소기업에서 근무하는 3년 동안 남들보다 몇 배의 노력을 기울여 본인의 무기를 만들어야 하는 중요한 이유가 된다.

일을 통하지 않고 업무 능력을 배가시킬 수 있는 방법은 없다. 눈속임이나 상사에게 아부하는 것으로 업무 능력을 키울 수는 없는 것이다.

회사에서 하는 일이 나 혼자 수행하는 비교적 수월하고 단순한 일도 있지만 보다 복잡하고 때로는 촌각을 다투는 일도 많다. 우리는 그런 일들을 하면서 일만 하는 것이 아니라 개인의 역량까지도 업그레이드 시켜 나가야 한다.

회사 내에서 나보다 먼저 회사생활을 경험한 선배들을 통해서 많이 배우는 것이 중요하다. 실력은 스스로의 학습과 교육 등을 통해 키울 수 있지만 역량은 아니다. 역량은 업무를 해 나가면서 키울 수 있는 것이다. 실력이 늘면 당장 돈을 조금 더 받을 수는 있지만, 역량은 돈과 더불어 개인의 미래가치까지 만들어 준다. 성실하게 일을 하면서 배우고자 하는 열정이 있으면 선배들은 많은 부분을 가르쳐 준다. 배울 자세를 갖추는 것이 중요하다는 것이다. 단지 월급만 받는다는 생각은 버리고 3년 동안 많은 선배들 밑에서 배우고 자기 것으로 만들어서 실력과 역량을 키워라.

중소기업에서 대기업처럼 비싼 외부교육을 보내주는 것을 기대하기는 어렵다. 이는 마인드가 우수한 경영자를 만났을 때만 가능한 것이며 극히 일부라고 봐야 한다. 따라서 중소기업에서는 선배 직원을 통해서 많은 것을 학습하는 것이 실력을 업그레이드할 수 있는 좋은 방법이다.

실제 경험한 중요한 팁을 하나 알려주고자 한다. 배울 때 가장 중요한 것은 자세이며, 특히 겸손은 사람을 돋보이게 한다. 겸손이 최고의 경쟁력이며, 선배들은 겸손한 후배를 가르치고 싶어 한다는 점을 반드시 명심하여야 한다. 겸손한 자세를 가진 후배들에게는 하나라도 더 많이 가르쳐 주려고 하지만 실력은 있으나 겸손한 자세를 가지지 않은 후배에게 자신의 노하우를 알려줄 리 만무하다.

그리고 회사마다 원하는 인재상이 다르다. 창업주가 직접 경영을 하는 경우에는 주인정신이 강하고 회사 원가 절감을 우선적으로 생각하는 인재를, 전문경영인이 CEO인 경우에는 분석력을 갖춘 실력이 우수한 인재를 원한다. 회사가 원하는 인재상에 맞추어서 일을 해야 인정받을 확률이 커지고, 회사에서 인정받아야 실력과 역량이 업그레이드될 확률도 높다는 것을 명심하여야 한다. 중요한 것은 모든 경영자는 성실한 인재를 원한다는 것이다. 남이 보는 앞에서만이 아니라 보이지 않는 곳에서도 항상 성실한 자세를 유지하고자 하는 마음가짐을 가져야 한다. 혼자 있는데 누가 나를 관찰하겠나 생각해도 나에 대해서 무서울 만큼 자연스럽게 다 알게 되는 것이 회사 조직이다.

중소기업에서는 한 사람이 일당백이어야 하는 경우가 아주 많다. 인사, 총무, 노무, 회계 등을 한 사람이 처리하는 경우도 있다. 이처럼 대기업과 달리 중소기업은 한 가지 자기의 고유 업무만 처리하는 것이 아니라 멀티로 일하는 경우가 많다.

중소기업은 업무 프로세스나 체계가 잘 정립되어 있는 곳이 드물다. 부서가 나뉘어 있더라도 대기업에 비해 세분화되어 있지 않고, 부서 간의 업무 분장이 명확하지 않은 경우도 많으며, 부서 내에서도 직원 간의 업무 분장이 명확하지 않은 것이 대부분이다.

업무는 상호 연관이 되어서 물이 흘러가는 것처럼 체계적으로 시스템화 되어 있어야 하는데 중소기업의 경우에는 그런 시스템을 구축하기가 힘들다. 그래서 업무를 하는데 한 사람이 여러 가지 일을 해야 하는 경우가 발생하는 것이다. 이런 것을 단점으로만 받아들이기 보다는 중소기업에서 일하면서 누릴 수 있는 장점으로 승화시켜 나가야 한다.

나는 인사팀장으로 채용되었지만 법무, 영업업무까지 처리를 하였다. 중소기업의 경우 인원이 부족한 경우가 많기 때문에 한 가지 업무만 해서는 연봉 인상 등의 기회도 잡기 힘들다.

회사에서 한 가지 고유 업무만 시키는 경우라도 본인이 멀티로 일할 수 있는 부분이 없을까 고민하고 찾아야 한다. 나는 입사 후 시간이 지나면서 고유분야인 인사업무보다는 영업파트에서 더 많은 실적을 내었고, 이를 인정받아서 전문경영인으로 대표이사까지 승진할 수 있었다. 대기업에서 인사업무를 계속했다면 영업업무를 수행해 보는 일은 없었을 것이다.

이처럼 중소기업에서 멀티로 일하는 것이 어렵다고 생각할 수도 있으나 대기업에 근무하는 사람들보다 더 강력한 무기를 가지는 것이라고 받아들이는 것이 좋다. 이러한 태도가 결국 자신의 역량을 키워주는 원동력이 되어줄 것이다. 중소기업에서 멀티로 업무를 수행하면서 긍정적 사고를 가지고 하나의 파트를 더 단련하여 자신의 값어치를 올리자.

대기업에서 한 분야만 오래 일하는 경우 다소 타성에 젖을 수 있고, 본인 업무 분야 외에 다른 분야의 일은 생소하여 나이가 들어가면 자리를 보존하기 위해 눈치를 보는 경우도 많다.

내가 다녔던 대기업의 파트장 같은 경우 자신은 30년 동안 인사업무만 해온 인사통이라고 자랑하였으나 그걸 좋게 보는 직원들은 없었다. 그런 사람 때문에 오히려 조직문화가 바뀌지 않고 업무를 개선하지 못하는 것이라고 생각한다. 이런 부분은 대기업 인사관리의 맹점이기도 하다.

중소기업 임원으로 승진할 때 유의할 점이 있다. 전문경영인으로 취임 후 오너가 나에게 요구한 첫 번째 임무는 소프트웨어공제조합에서 수억대 대출을 받는 데 있어서의 연대보증이었다. 나는 회사를 혁신하여 강한 회사를 만들고 그 바탕 위에서 누구나 다니고 싶은 조직문화를 구축하고 싶어서 전문경영인이 되기로 한 것이지, 단순하게 보증을 서기 위해서 전문경영인으로 취임한 것이 아니었다. 그래서 보증 잘 서는 전문경영인보다는 조직체계를 단단히 잘 구축하여 돈을 많이 벌어 와서 직원들과 혜택을 나누고 주주들의 이익도 극대화하는 것이 나의 미션이라고 아무리 주장하여도 오너는 막무가내였다. 오너는 회사 경영에서 손을 떼고자 회사를 나에게 물려준 것이라고 답할 뿐이었다.

경영하는 동안 실적은 내겠지만 연대보증을 서는 일은 절대로 할 생각이 없다고 고집을 꺾지 않아 결국 보증은 서지 않았다. 하지만 보증 문제 때문에 한동안 오너와 사이가 서먹해졌다. 중소기업에 근무하면서 임원이나 대표이사로 승진할 때는 오너와 보증 서는 문제에 대해서는 사전에 합의를 하는 것이 좋다. 이런 부분에 신경을 쓰다 보면 제대로 업무를 수행하기가 어렵기 때문에 보증은 절대로 서지 않는 것이 좋다.

그리고 임원이 되어 일방적으로 오너의 입장만 대변해서는 직원들에게 금방 손가락질을 받게 된다. 전문경영인으로 재직하면서 오너인 회장의 기분을 대충 맞추어 가면서 더 많은 혜택을 받을 수도 있었지만 좋은 회사를 넘어서 위대한 회사를 만들고 싶었기에 직원들을 염두에 두는 경영을 하였고 결과적으로 더 나은 성과를 낼 수 있었다. 또한 많은 끈끈한 인연들도 만들 수 있었다고 생각한다.

회사는 건강한 직장인을 원한다

회사는 정신적으로, 육체적으로 건강한 직장인을 원한다. 성공한 직장인과 그렇지 못한 직장인의 차이가 바로 '건강'이라고 해도 과언이 아니다.
회사에서 오랫동안 인정받고 발전하고 싶다면 건강부터 챙겨라. 건강을 잃으면 다 잃는다는 말도 있지 않은가.

하지만 회사 생활을 하다 보면 건강이 중요하다고 생각은 늘 하면서도 잘 챙기지 못하는 경우가 많다. 특히 일에 쫓겨 몸에 이상 신호가 와도 웬만한 증상은 나중에 좀 쉬면 좋아지겠지 하고 그냥 넘기고, 정신적인 피로를 잘 인지하지 못하고 마는 직장인들의 경우 치료 시기를 놓쳐 병을 키우는 일이 비일비재하다.

회사는 직원에게 조직 적응력, 업무능력, 기획력 등에 있어서 탁월한 능력을 보여주기를 원한다. 그러다 보니 건강관리는 본인이 알아서 관리하고 책임져야 하는 개인의 몫으로 남게 마련이다. 현실이 이렇다 보니 건강은 다른 것들에 비해 우선순위에서 밀리는 경우가 많다. 하지만 건강이 다른 그 무엇보다 중요하다. 건강을 잃으면 능력이 아무리 뛰어나도, 자신의 능력을 마음껏 펼칠 수 없다.

잦은 야근과 과도한 업무량으로 인해 본인의 휴일과 여가생활을 즐길 수 없는 직장인은 결국 지치기 마련이고 병든 몸으로 퇴사하게 되는 것을 지켜보았다. 건강의 중요성을 잘 알고 있음에도 불구하고 회사일 때문에 미처 신경

쓰지 못하는 직장인들에게 정신적, 육체적 건강의 중요성을 다시 한 번 강조하고 싶다.

개인의 건강은 자신의 업무는 물론이고 조직의 업무 성과에도 직접적인 영향을 미친다. 직원이 병이 나서 병가라도 내게 되면 회사 업무에 차질이 생길 수밖에 없고, 당장 자리를 비워야 하는 병에 걸리지 않았더라도 몸과 마음이 허약해지면 업무 몰입도가 떨어질 수밖에 없다.

나 또한 회사 임원이 되고 나서 7년여 기간 동안 과도한 음주, 흡연, 스트레스로 건강이 많이 악화되었다. 극복하게 된 과정은 별도의 책으로 전달할 기회가 있기를 희망한다. 건강관리는 특히 멀티로 일해야 하는 중소기업 임직원들이 유념하여야 하는 사항이라는 것은 아무리 강조해도 지나치지 않다.

중소기업에 입사하면 최소한 3년은 버텨야 한다

 버틴다는 것은 참는 것이 아니라, 때를 기다리고 준비하는 것이다. 즉, 입사 후 3년이 골든타임이다.

 인생에는 터닝 포인트가 몇 번 있다. 대학교 진학을 결정하는 고3, 취업이나 대학원 진학을 결정하는 대학교 4학년, 그리고 첫 직장에 근무한 지 3년이 되었을 때다.

 직장에 입사해서 3년 동안 열심히 실력을 키우면서 일하다 보면 중소기업 조직 내에서 군계일학이 된다. 본인의 업무에서 익숙해진 이후에 타 업무영역까지 역량을 키워 나가면 회사에서 안정적으로 승승장구할 수 있는 기반을 다질 수 있다.

 나는 중소기업에서 인사 업무에서 기반을 다진 이후에 기획, 법무, 회계, 영업 부문까지 역량을 키워 나갔고 고유 업무 외에 가시적인 실적이 나오면서 조직에도 기여하고 나 자신의 능력도 업그레이드 시켜 나갔다. 이러한 노

력 덕분에 훗날 전문경영인으로 승진하여 조직을 이끌어 나갈 수 있었다.

   3년이라는 시간을 직장에서 보내는 동안 그들 모두가 같은 역량을 키운다고 볼 수는 없다. 단순히 주어진 업무만 계속 반복하면서 시간이 흐른다고 해서 역량이 하나 둘 쌓여 나간다고 할 수 없다. 수행하는 일들을 완벽하게 자기 것으로 만들어서 프로가 되는 것이 중요하며, 프로가 된다는 것은 자신이 꿈꾸는 미래에 대한 열쇠가 된다.

3.
근무 외적인 부분에서

   남자직원의 경우 결혼하려고 할 때 중소기업에 다닌다는 이유만으로 여자 친구에게 대기업으로 전직하라, 그러지 못하면 결혼을 보류할 수밖에 없다는 이야기를 듣는 경우를 많이 보았다.

힘들게 여자 친구를 설득한 후에도 여자 친구 부모님의 장벽에 부딪힌다. 그렇게 작은 회사가 언제 망할지도 모르는데 결혼을 허락할 수 없다는 부모님의 걱정이 있는 것이다. 남자의 경우 본인의 비전보다는 재직 중인 회사를 보고 비전을 판단받기 때문에 애로사항이 많다.

실제로 결혼하고자 하는 직원들이 이런 부분 때문에 회사생활을 제대로 하지 못하고 더 큰 회사로 전직하려고 하는 경우가 많았다. 1~2년 정도만 더 근무하면 본인만의 무기를 가지고 더 좋은 대우를 받으면서 전직할 수 있는데도 불구하고 섣불리 회사를 그만두는 경우도 있었다. 그런 직원들을 추적해 보면 결국은 더 작은 회사를 자주 옮겨 다니면서 정착을 하지 못하고 다시 재입사를 시켜 달라고 찾아오는 경우도 보았다.

중소기업 직원은 대기업 직원에 비해서 결혼 확률이 낮다는 통계 결과가 나와 있다. 국회예산정책처의 '고용 형태와 결혼 선택' 보고서에서 사업장 규모가 큰 기업의 근로자가 작은 기업 근로자보다 결혼 확률이 높았다.

여성의 경우 사업장 규모 1,000명 이상에서 사업장 규모 50명 미만인 경우보다 결혼 확률이 2.3% 높은 것으로 나타났으며, 남성의 경우 규모 100~1,000명 미만에서 사업장 규모 50인 미만인 경우보다 결혼 확률이 1.74% 높고, 1,000명 이상에서는 3.9% 높은 것으로 나타났다.

(출처 : 국회예산정책처 '경제동향 & 이슈 69호')

안타깝게도 이 통계는 비슷한 수준의 스펙을 가지고 있더라도 중소기업 직원이 대기업 직원보다 결혼하기가 어렵다는 것을 보여준다. 중소기업에 다니는 젊은 여러분은 연인과의 사랑의 끈을 좀 더 강하게 하고 연인을 더 아껴줄 일이다. 결혼을 해서도 함께 경제활동을 하거나 알뜰한 살림살이를 해줄 배우자를 만난다면 더 바랄 것이 없겠다.

사회인이라면 직장 내 생활이 중요하듯 근무 외적인 부분도 중시하여야 하는데 가장 신경 써야 할 부분이 인간관계이다. 인간관계는 신뢰를 바탕으로 구축되어야 지속적이고 발전적인 관계로 이어질 수 있다.

한번 도움을 주고 받는 위치에서의 관계 형성은 일회성

으로 그칠 가능성이 크다.

사람들은 지인의 경사는 잘 챙기지만 조사는 소홀히 하는 경우가 있는데, 나는 회사 내에서뿐만 아니라 협력업체 등 외부 사람들의 조사는 반드시 챙겼다. 또한 승진한 사람들을 축하해 주는 자리보다는 승진에서 고배를 마신 사람을 우선적으로 위로해 주고 챙겨 주려고 노력을 하였다. 이것이 훗날 나의 인간관계 형성에 큰 도움이 되었다. 인간관계는 당장의 이익보다는 내가 조금 손해 본다는 마음으로 먼저 베푼다는 생각을 가지고 있으면 무리가 없다.

당장 눈앞의 이익 때문에 오랜 인연도 쉽게 배신하고 자신의 안위만 생각하던 사람의 끝이 좋지 않았던 것을 수도 없이 보았다. 이런 부분은 대기업에 다니는 사람에게도 해당되겠지만 중소기업은 인원이 적기 때문에 특히 유념하여야 한다는 것을 다시 한 번 강조한다.

회사는 당신을 어떻게 인식하는가?

회사 생활을 하다보면 가끔 '다른 사람이 나를 어떻게 인식할까'라는 궁금증이 생긴다.

반대로 나 역시 타인에 대해 '저 사람은 어떤 사람이다'라고 의식적으로 혹은 무의식적으로 인식을 하게 된다. 이처럼 사람들이 나에 대해 '이렇다', '저렇다'라고 인식하고 정의하는 경우가 생기는데 이를 '평판'이라고 한다.

소속된 공동체에서 평판은 끊임없이 만들어진다. 학교에서, 동네에서, 동창회에서, 각종 모임에서…. 자신은 본질적으로 하나인데, 평판을 통해 또 다른 내가 끊임없이 만들어지는 것이다.

회사에서는 어떨까? 이런 평판의 힘이 가장 크게 작용하는 곳 중 하나가 바로 회사일 것이다. 평판에 대한 인사평가는 보통 다면평가로 이루어진다. 이를테면 상사, 동료, 후배가 자신을 360도 평가하여 반영하는 것이다. 그러므로 자신의 평판을 이러한 관점에서 관리할 수 있어야 한다. 팀 동료는 같이 일하고 매일 함께 점심을 먹고, 일이 많을 때는 함께 야근을 하기도 한다. 가끔씩이지만 회식을 하며 함께 시간을 보내기도 한다. 이렇게 동료와 함께하는 시간을 통해 자연스럽게 사적으로 혹은 공적으로 서로에 대해 깊이 알게 되고 가까워지게 된다.

 그렇지만, 팀 단위 조직을 벗어나면 나 자신에 대한 예상치 못한 평판이 만들어지기도 한다. 잘 모르는 이들에 의해 '당신은 어떤 사람이다'라고 정의되는 것이다. '김 대리는 일을 대충대충 하는 거 같아', '한 대리는 일은 잘하지만 성격이…'와 같이 자신이 의도하거나 노력한 것과 무관한 정체성이 만들어지기도 하고 이러한 평판이 다른 사람들에게 선입견으로 굳어지게 된다.

 자신의 본 모습과 전혀 다른 평판이 만들어질 땐 억울하고 화가 난다. 이렇게 형성된 평판은 회사 내에서 직장인의 수명을 결정하기도 한다.

 다른 사람에게 자신이 어떻게 보여지고 있는지 일일이 신경 써야 한다는 것은 그리 반가운 일은 아니다. 그러나, 자신의 능력이나 실력이 부족한 상태라면 더욱 평판을 중요시하여야 한다. 평판을 가볍게 여긴다면 회사에서 장기 근무를 하기가 힘들어지게 된다. 왜냐하면, 회사에서는 어쩔 수 없이 평판이 그 사람의 실력을 평가하는 또 다른 기준으로 작용하기 때문이다.

모든 회사는 인사평가, 승진제도를 운영한다. 승진이든, 포상이든, 전환배치든 실력이나 업무 성과와 함께 주변의 평판이 중요한 평가요소로 작용한다.

업무 능력을 충분히 확보하지 못한 상태에서 평판마저 관리를 소홀히 한다면 상사의 도움은 둘째치고 함께 일하는 동료는 물론 후배들에게도 환영받지 못하게 될 것이다.

결과적으로 인원수가 적은 중소기업 조직 내에서는 버티기가 힘들어지는 것이다. 그러다 보면 모두가 기피하거나 자신의 선호에 맞지 않는 일을 맡게 되고, 결국 성과로 이어지기 힘들어 업무실적 평가가 낮아지는 악순환으로 이어진다.

중소기업으로 옮기고 나서 초반에 후배가 이야기했던 나의 평판이 자주 떠오른다.

"차장님은 머리는 똑똑한데 찔러도 피 한방울 흘리지 않는 냉동인간 같다"

그 말을 전해 들었을 때 처음에는 나름 억울하기도 하고 기분이 나빴지만 어쩔 수 없었다. 그것은 중소기업 전직 초기에 나를 대변하는 평판이며 나의 또 다른 그림자였다. 대기업에서 왔다고 하니 그런 평판이 더 있을 수 있었지만, 인사팀장이 이같은 평판을 받는다면 바람직한 노무관리를 할 수가 없다. 결과적으로 이런 나의 이미지를 바꾸기 위해서 부단한 노력을 하였고 그 노력이 인사업무를 하면서 직원들에게 더 다가가는 계기가 되었던 것 같다.

상사에게 좋은 평판을 받기 위해서는 지시받은 것에 대해서 완벽하게 이해하고 업무 기한을 지킬 수 있도록 한다. 이때 지시받은 내용을 정확하게 이해했는지 확인하는 과정도 필요하다. 그리고 중간보고를 통해 상사와 진행상황을 공유하는 일은 반드시 필요하다. 업무가 주어졌을 때 처리기한을 제대로 맞추지 못하는 직원을 상사는 절대로 좋게 보지 않는다. 또한 나와 다른 생각을 상사로부터 지시 받았을 때 상사를 가르치려 들어서는 안 된다. 나보다 회사 생활을 더 경험한 선배가 이를 모를 리가 없으며 나름의 이유가 있을 것이라고 생각하고 일단 받아들이고,

상사와 단둘이 있을 때 본인의 생각을 이야기하고 상사와 의견을 조율해 보는 것이 좋은 방법이다.

후배에게 좋은 평판을 받기 위한 첫 번째 요소는 후배의 말을 많이 들어주는 것이다. 후배가 다소 잘못 생각하는 부분이 있더라도 일단 그의 말을 적극적으로 경청해주면 후배는 선배에 대해서 믿음을 가지게 되고 스트레스를 덜 받게 된다. 후배가 힘들게 본인의 생각을 이야기 하는데 중간에 말을 끊어 버리고 나무라면서 본인 이야기만 주입하는 직원들을 많이 볼 수 있었다. 한마디로 잘난 척 하는 사람이다. 이런 선배는 후배에게 결코 좋은 평판을 얻기 힘들뿐더러 조직에도 도움이 되지 못한다. 일은 잘난 사람 혼자 하는 것이 아니다. 결국 팀웍으로 하는 것이다.

또 후배의 업무 외적인 부분까지 챙겨줘라. 회사 생활뿐만 아니라 개인사도 힘든 일이 없는지 항상 관심을 가져 주어야 한다. 이러한 선배가 되기 위해서 가장 기본이 되는 것이 적극적으로 후배의 이야기를 경청해 주는 것임을 명심하라.

동료에게는 내 이익을 먼저 챙기지 말고 다가서는 자세가 중요하고, 동료를 경쟁관계로 인식하지 말고 동반자로 생각하는 동업정신을 가지는 것이 바람직하다.

회사 내에서뿐만 아니라 외부 사람들의 평판도 상당히 중요한데 특히 영업할 때 가장 필요한 것은 상대방을 목적 달성을 위한 수단으로 생각하지 말고 인간적으로 먼저 친해지려고 노력하는 자세가 중요하다. 중소기업은 회사 이름값으로 프로젝트를 수주할 가능성은 낮다. 결국 평판에 의해서 성패가 결정된다고 해도 과언이 아니다.

내가 어떤 사람에게 영업을 위해서 다가가 프로젝트 한 건을 수주하겠다는 생각을 버리고 이 일이 끝났을 때 나는 그 사람을 얻겠다는 게 목표가 되어야 한다. 프로젝트 수주나 상품을 팔기 위해서 영업을 하면 만약 성공한다고 해도 그것으로 끝이다. 사람을 얻는 영업을 하면 롱런할 수 있는 기반을 다질 수 있고 새로운 사람들을 얻어 가면서 인간관계를 폭넓게 만들어 나갈 수 있다. 결국 나에 대한 평판도 자연스럽게 좋게 형성되는 것이다.

II

좋은 중소기업을 선택하는 방법

본 장에서는 중소기업에 입사하기 전에 기본적으로 체크하여야 할 중요한 사항을 요약해 놓았다.

II. 좋은 중소기업을 선택하는 방법

　회사에 한 번 입사하고 나면 후회가 되어도 어쩔 수 없이 다니게 되는 경우가 있다. 또한 잦은 전직은 경력에도 도움이 안 될뿐더러 자신에게 큰 스트레스이기 때문에 현실에 안주하며 참고 견디기도 한다. 조급하고 간절한 마음 탓에 입사하고자 하는 회사에 대해 제대로 파악하지 못한 채 들어가서 퇴사할 때 까지 계속 후회하는 일도 적지 않다.

　나는 중소기업 두 군데를 경험하였는데 회사를 선택하면서 나의 부주의로 미처 사전에 파악을 하지 못해서 힘들었던 점을 고려하여, 좋은 중소기업을 선택하기 위해 체크해야 할 중요한 사항을 본 장에 담고자 한다.

1.
회사 설립일을 파악하라

좋은 중소기업을 고르기 위해서는 먼저 회사 설립일을 파악하는 것이 좋다. 안정성과 기업의 탄탄함을 추구한다면 아무래도 업계에서 경험이 많은 회사가 좋다.

오래된 회사가 반드시 좋은 회사는 아니지만 업계에서 경험을 많이 가지고 있을수록 안정되고 마케팅 능력이 있는 회사일 확률이 높다. 회사 연혁 등을 꼼꼼히 살펴보면 많은 도움이 된다.

2.
입사 전
필수 검토사항

우선 재무 상태를 파악하여야 한다. 금융감독위원회에서 제공하는 전자공시시스템을 이용하면 재무 상태를 볼 수 있다. 다소 오류가 있기는 하지만 참고할 부분은 있다. 회사 재무제표를 보면서 안정적인 회사를 고르려면 재무상태를 파악할 때 매출 규모보다는 매출액 대비 당기순이익 비율과 부채비율을 보는 것이 도움이 된다. 매출액은 높지만 당기순이익과 영업이익이 낮거나 부채비율이 높으면 재무 상태가 좋지 않다고 보는 것이 좋다.

보통 입사의 최종 관문이 되는 것이 면접이다. 서류전형이 통과되면 면접 전형이 이루어진다. 대부분의 중소기업은 1차 서류전형, 2차 면접전형으로 이루어진다. 가끔 엔지니어인 경우 실무면접을 할 수도 있으나 채용 결정은 대개 임원면접에서 이루어진다.

면접을 보러 가면 회사 업무 환경을 살펴보아야 한다. 내부 인테리어 등에도 신경을 쓴 회사인지 그냥 사무실만 임대해 조금 손봐서 사용하는 회사인지는 회사 선택에 영향을 미치는 소스이다. 사무실 환경이 잘되어 있는 회사가 입사해서도 내가 비전을 달성해 나가기 좋은 회사임은 말할 것도 없다.

대기업의 경우와 달리 중소기업은 사전에 회사에 대한 많은 정보를 수집하기가 어렵기 때문에 면접을 가서 마음의 여유를 가지고 최대한 회사를 파악하는 기회를 가지는 것이 좋다.

면접에 들어가기 전에 채용 진행자가 면접에 대한 여러 가지 안내도 하고 준비가 된 상태인지 살펴보는 것이 좋다. 채용 진행자가 그냥 아무런 준비도 없이 면접 안내를 대충하는 것으로 보이면 이번 채용은 회사에서 중요하게 생각하지 않는 것이라고 판단해도 무방하다.

최종 면접을 보러갔는데 면접 진행자도 따로 없고, 대표이사실에서 단 둘이 간단하게 면접하는 경우 그 회사는 중소기업이라기보다 소기업 수준이라고 생각하면 된다. 다만 업종에 따라 소수의 직원으로 운영되는 회사는 예외로 보아야 한다. 직원 수가 소수인 업종을 선택하는 경우 오히려 전문성을 더 키울 수 있는 장점이 있다.

최종 면접은 대부분의 경우 대표이사, 임원, 해당 부서

장이 면접관으로 들어오는 경우가 많다. 면접관들이 질문을 한 뒤에 답변을 경청하고 있는지 아니면 제대로 듣지 않고 딴짓을 하고 있는지 유념해서 관찰하는 것이 좋다. 피면접자의 말을 경청한다면 그 회사는 직원들의 의견을 잘 반영해주는 시스템을 가지고 있다고 보면 된다. 반면 제대로 듣지 않는다면 직원들의 의견을 무시할 가능성이 많은 회사이다. 면접관들이 그 회사의 거울이라고 보면 된다.

내가 다닌 회사처럼 오너가 따로 있더라도 전문경영인이 있는 회사가 바람직하다. 면접관들을 보면 그런 것을 파악해 볼 수 있다. 면접관들의 직위 팻말이 있는 경우에는 쉽게 알 수 있지만, 없는 경우에는 면접 진행자에게 면접관들은 어떤 분들인지 질문하면 된다. 면접에 가면 본인도 면접관들로부터 평가를 받지만 역으로 내가 면접관이 되어서 회사를 평가하는 자세가 필요하다.

회사 사옥 소유 여부도 파악해 보는 것이 좋다. 회사 사옥이 회사 소유인지 전세 혹은 월세로 들어가 있는지도 회사 선택의 판단 기준이 된다. 회사가 사옥을 소유하고 있으면 재무건전성이 좋은 회사이고, 전세도 아닌 월세라면 자금 흐름이 좋지 않은 회사라고 판단하여야 한다. 이런 회사일 경우 급여일을 지키지 않을 가능성이 높은 회사라고 보면 된다.

3. 회사 홈페이지를 꼼꼼히 살펴보아라

채용 공고란에 같은 직무의 공고가 반복해서 올라왔다면 이직률이 높다고 보는 것이 맞다. 최근 채용 동향을 꼼꼼하게 살펴보는 것이 좋다. 또한 홈페이지 관리가 허술하게 되어 있거나, 예전 자료만 있고 현재 내용이 업데이트되고 있지 않다면 그 회사는 좋은 회사 목록에서 제외하는 것이 맞다. 당장 먹고사는 것이 우선인데 홈페이지에 신경을 쓸 여력이 없기 때문이다. 회사 홈페이지가 아예 없다면 모르겠지만 있는데도 불구하고 허술하다면 그 회사는 먹고살기에 급급한 회사라고 볼 수 있다.

4.
인사팀이 있는 회사가
장점이 많다

중소기업을 선택할 때 회사에 인사팀이 있는지를 확인하는 것이 좋다. 내가 만난 중소기업 오너들과 직원들의 경우 개발자와 영업, 경리만 있으면 회사가 굴러가는데 인사팀 직원을 뽑는 것은 돈 낭비라는 사고방식을 가진 경우가 대부분이었다.

직원이 25명 이상이면 인사팀이 따로 있어야 한다. 그렇지 않으면 사장 1인의 마인드대로 회사를 운영하고 직원들의 목소리는 무시당하는 경우가 많다. 그런 마인드를 가진 경영자는 회사를 절대로 키우지 못한다. 오히려 몰락시키는 경우를 수없이 지켜보았다.

인사팀의 목적은 직원이 회사에 만족하고 회사를 신뢰할 수 있도록 하는 것이다. 직원에 따라 느끼는 바, 생각하는 바가 회사의 의도와 다른 경우도 있다. 의사가 제대로 전달되고, 이를 오해 없이 받아들이는 좋은 문화가 자리 잡도록 하는 것이 쉽지는 않다. 그래서 인사 담당자는 직원들과 자주 이야기하고, 오해가 있다면 그 이유를 찾는 노력을 하여야 한다.

중소기업은 시스템 부재로 경영자의 판단이 절대적이다. 따라서 경영 의사결정도 경영자의 감정적 판단에 좌지우지되기도 한다.

조직에 인사팀이 있어야 직원들의 목소리도 경영에 반영되고, 경영자가 근로기준법을 준수한다. 아울러 직원들의 교육기회도 제공하기 때문에 중소기업을 선택할 때 회사에 인사팀이 있는지 살펴보는 것이 좋다.

5. 대기업 협력업체가 자금력이 안정적이다

중소기업을 선택할 때 기술력이나 조직문화와 더불어

자금의 안정성 또한 매우 중요하다. 정부에서 지원을 많이 받는 중소기업보다는 대기업 협력업체가 자금 사정이 안정적이고, 협력업체가 아니더라도 대기업을 주 거래처로 가지고 있는 회사가 자금 사정이 낫다. 또한 자체적으로 운영자금을 조달할 수 있는 거래처를 확보하고 있는 회사인지를 파악하는 것이 좋은 회사를 선택하기 위한 중요한 포인트이다.

앞서 말한대로 회사 재무제표를 통해 기업의 재무상태를 확인할 수 있지만 그보다 자금력을 우선으로 보고 회사를 선택하는 것이 좋다. 상장이 안 된 중소기업의 경우에는 재무제표를 회사에 다소 유리하게 맞추는 경우가 많다. 한마디로 오류가 많다는 뜻이다. 내가 다니는 회사가 좋은 회사인가 판단하려면 급여는 약속된 날에 제대로 지급이 되는지, 출장비 등은 제때 지급이 되고 출장여비규정이 직원들한테 지나치게 타이트하게 운영되지 않는지 등으로 회사를 평가하는 것이 좋은 방법 중 하나이다.

6.
근무하고 있는 직원들의
표정을 관찰하라

면접을 가서 또는 입사 후 3개월 정도는 본인이 입사한 중소기업에 근무하고 있는 직원들의 표정을 보면 회사 경영 여건이 어떤지, 조직 문화가 어떤지 파악하는데 많은 도움이 된다. 내가 근무한 중소기업 두 곳과 방문해 본 회사 직원들의 초기 모습을 관찰한 이후에 파악한 모습과 시간이 지난 후에 결과를 보았을 때 기가 막힐 정도로 적중한다는 사실을 알 수 있었다. 근무하고 있는 직원들의 모습이 어딘지 모르게 어둡거나 활력이 떨어져 보인다면 그 회사의 자금 사정은 좋지 않다고 보면 된다. 반대로 직원들의 모습에서 뭔가 하려고 하는 열정이 느껴진다면 그 회사는 조직문화도 좋고 경영 여건도 좋아서 직원들에게 많은 혜택을 제공하고 있는 회사일 가능성이 크다. 중소기업의 경우 그 회사 직원들의 표정에서 그 회사의 제반 환경을 파악해 볼 수 있다.

Ⅲ

중소기업 생활은 마음의 내공이 좌우한다!

이 장은 정신건강을 위한 우리의 마음가짐과 유리멘탈을 깨지 않고 잘 관리하기 위해 여러 방법을 강구한 고민의 흔적을 남기고, 편안한 마음으로 흘러가는 장이다.

III. 중소기업 생활은 마음의 내공이 좌우한다!

1.
알아주지 않아도
당신의 삶은
괜찮은 삶이다.

우리는 고등학교 때 한번쯤 엄마가 놀랄 만한 우수한 성적을 받고 싶었고, 이름만 대면 사람들이 인정하는 좋은 대학을 나오고 싶었다. 졸업 후엔 남들이 알 만한 대기업에 입사하기를 원했다. 그렇게 대단하고 화려하기를 원했지만 마음먹은 대로 되지 않았고 앞으로도 크게 달라지지 않을 지도 모른다. 그런 삶이지만 괜찮은 인생이 될 수 있는 방법이 있다. 그 방법은 지금 당장 누군가와의 비교를 멈추면 된다. 그리고 "네 인생은 참 괜찮은 인생이야"라고 스스로에게 말해 주기만 하면 된다.

나는 평소 지인이나 주변에서 권유하거나 부탁하는 일들을 거절하지 않고 가능하면 맡아서 하는 편이다. 일을 맡는 것까지는 좋지만 작은 일들이 모여서 많아지니 결국은 과부하에 걸린다. 동료 교수님 중에 한 사람은 보다못해 나에게 선택과 집중을 잘하지 않으면 늘 일에 쫓기듯이 살아야 한다고 조언한다. 학교에서 해야 하는 일도 적지 않은데, 상담을 좀 많이 맡거나 각종 위원회 일을 보게 되거나 모임의 임원까지…. 이런 날에는 동료 교수님의 예언대로 일에 쫓겨다니며 정신건강을 망치게 된다. 뭔가 속이 더부룩하고 안 좋아지는 느낌이 들 때도 있다. 일멀미가 날 정도로 스트레스를 받는 것이다.

'내가 이걸 다 하겠다고 결정했나?' 싶지만 황당하게도 단 한 건도 누가 결정해 주지 않았다. 이렇게 결과적으로 일 욕심을 낸 이유는 꼭 보수가 좋아서라거나 능력을 인정받고 싶어서가 아니다. 내가 하는 일 중에는 무보수일 뿐 아니라 오히려 돈이 더 들어가는 봉사직도 있고, 매우 적은 강사료를 받는 일도 있다. 너무 일을 벌여 놓으니 일처리가 매끄럽지 않아 때론 무능력해 보이기까지 한다. 모든 일이 다 중요한 것처럼 느껴져 결국 일의 우선순위를 정하지 못한 탓이다. 남들은 현명하게 판단하고 야무지게 의사표현도 잘하던데 말이다. 일에 허덕이고 있는 나의 삶이 뭔가 세련되지 않고 지혜롭지 못한 것처럼 순식간에 전락하고 평가절하되는 순간이다.

내가 좋아하는 우리 대학의 복지 중 하나가 집밥처럼 밥을 해주시는 식당 아주머니의 점심밥이다. 반찬도 모자라면 달라고 하기 전에 얼른 알아서 더 담아주신다. 뭔가 메뉴를 정하기 귀찮은 날이나 밥맛이 없는 날에도 알아서 내어주시는 맛있는 상추와 씀바귀 쌈에 밥과 된장을 싸서 먹으면 밥맛 없는 봄철에도 입맛이 돌아올 정도이다. 무더위에 지쳐서 먹는 것도 다 귀찮은 여름이면 잔치국수나 열무국수를 말아 주신다. 그리고 교직원 식사시간이 끝나갈 시간에는 스윽 홀을 둘러보고는 '오늘은 더워서 간단하게 국수를 했다'거나 '찜을 하느라 국을 못했다'며 메뉴 선정에 대해 설명해 주시곤 한다.

그러던 어느 날 식당 아주머니가 호흡곤란으로 응급실에 간 일이 있었다. 다행히 몸에 문제가 있는 것이 아니라 일찍 퇴원을 하셨지만 식당일을 그만둘 수도 있다는 얘기를 들었다. 나는 식당 밥만 좋아한 것이 아니다. 평소 포도밭 일도 틈틈이 하면서 식당일을 하고 겸손하고 입담도 좋은 식당 아주머니를 나는 식당밥 못지않게 좋아했었다. 건강이 회복되었다는 말을 듣자마자 다시 출근을 했으면 좋겠다고 진심으로 바랐고 아주머님이 오시던 날 교직원들은 마음을 모아 장미꽃다발을 선물했다. 생각해 보면 다른 교직원이 며칠간 자리를 비워도 큰 불편함이 없었는데 아주머니가 비운 열흘은 어느 누구의 빈자리보다 크고 아쉬웠다. 식당 아주머니의 맛있는 밥은 대체 가능하지가 않았다. 매일 먹는 밥을 하는 일이 뭔가 일상적이고 평범해 보여서 특별한 가치를 매기지 않을지도 모르겠다. 하지만 누가 인정해 주지 않더라도 내가 하지 않으면 누군가가 불편하거나, 피해를 입을 수도 있다면 내 일은 소중하다. 또 내 일이 누군가에게 기쁨을 주거나 필요를 충족시켜주는 일이라면 이 인생은 꽤 괜찮지 않은가?

어떤 사람들은 늘 일에 쫓기거나 제시간에 마무리하지

못하는 나를 좀 못마땅하게 보기도 한다. 하지만 나는 스스로 알고 있다. 내가 노력하고 애쓰고 있다는 것을…. 내 최소한의 정신건강을 고려하여 가끔 쉬어주기는 하지만 밤잠을 줄여서라도 해야 할 일을 끝까지 한다. 중간에 포기하고 싶더라도…. 그러면 된 것이 아닌가?

이제 오히려 이렇게 말해주려고 한다. 반복적으로 자기최면을 걸어서라도…. 틈만 나면 부정적인 자기평가로 돌아가려는 자아에게 알려주고 싶다.

"너의 인생은 참 괜찮은 인생이야."
"지금 이대로 잘 하고 있어."
"너의 삶은 꽤 괜찮아."

2.
보이지 않아도
아름다움은 존재한다

갑질에 대한 얘기들이 이슈가 된 적이 있다. 나에게 상담을 받는 내담아동의 어머니 중에 기계세탁이 아닌 손으로 세탁을 하는 운동화클리닉을 운영하는 분이 있다. 태국에서 온 어머니는 생활력이 강하고 영리하지만 서툰 한국말 때문에 영리함이 가려져 있었다. 우리는 언어 사용이 미숙하면 그 사람의 인지능력도 부족하다고 느끼기 쉽다. 하지만 우리가 그녀의 입장이 되어 보면 외국에서 일을 하면서 생계를 꾸리는 게 얼마나 힘든 일인지 금방 이해가 가는 일이다. 외국에 짧은 여행을 가도 호텔 예약과 사소한 클레임, 너무나 간절히 커피가 그리울 때 카페를 찾는 일, 맛집 찾아가기, 예상치 못한 병치레 등 외국에서 지내는 일이 수월치 않다. 찢어지고 베인 상처들이 많은 딱딱한 그녀의 손을 잡아본 적이 있다. 그녀의 손보다 마음이 더 상처받고 찢겼을 것 같다는 생각을 했다.

나도 일본에서 9년 정도 어학도 배우고 유학생활을 했다. 아무리 일본인들이 친절하고 사람 좋은 미소를 지어도 가끔씩 가슴 한구석에서 생겨난 바람이 배 속까지 서늘하고 허전하게 할 때가 많았다. 그럴 때면 뭔가 먹어서라도 배 속을 채워 넣어야 할 것 같아 많은 음식을 먹어대곤 했다. 옛말에 '궁하면 더 배가 고프다'는 말이 있는데 사람들은 심리적 궁함을 신체적 배고픔으로 착각하는 특성이 있기 때문이다. 외국생활이라는 것이 마음도 궁하고 배도 고프고 왠지 서럽기도 했다. 이런 경험 때문인지 태국에서 시집온 그녀가 자꾸만 신경이 쓰였다.

손님들은 그녀에게 화를 많이 낸다고 한다. 어떤 손님은 오염이 남아있다고 화를 내거나 심지어 이전에 없던 오염이 생겼다고 주장하며 소비자보호원에 고발을 하겠다는 손님도 있었다고 했다. 손님들은 그들 자녀의 더럽고 구겨진 운동화를 가지고 와서는 그것을 새 운동화로 만들어 달라고 하였다. 손님은 자기 자녀에게 깨끗한 운동화를 신기고 싶어서 그렇게 까다롭게 군다고 하였다. 그녀는 감정적으로 힘들어지면 큰 소리로 화를 내곤 하는데, 집에 오면 특히 초등학생 딸에게 화를 많이 내게 된다고 하였다.

삶은 순환한다. 폴란드 대표시인이며 노벨문학상을 받은 비스와바 쉼보르스카의 시 '첫눈에 반한 사랑'에서 그녀의 특별한 시선을 볼 수 있다. 우리는 첫눈에 반한 사랑이라고 생각하지만 모든 시작은 연속적인 시간 속에서의 한 시점이었을 뿐이라고 하였다. 어떤 이들의 인연은 먼 옛날로 거슬러 올라가 초등학교 때 같은 오솔길을 한 사람은 동쪽으로 다른 한 사람은 서쪽으로 서로 스쳐지나간 인연이 있을 수도 있다. 또는 회전문의 옆 칸에서 한 사람은 나가고 다른 한 사람은 들어간 인연이 있을지도 모른다. 서점에 진열된 같은 책을 잡기 위해 두 사람의 손길이 한 책에 닿았을 수도 있다. 이러한 무수한 인연이 쌓여서 어떤 지점에서 만남으로 발현된다고 본 것이다. 우리가 지금 쌓고 있는 작고 사소한 인연들이 어떻게 발현될 지 모른다.

운동화클리닉을 하는 태국 여인은 힘이 없고 말이 어눌하지만, 그녀에게 우리가 쏟아부은 화는 돌고 돈다. 그녀는 집으로 돌아가 초등학생 딸에게 화를 내고, 그녀의 초등학생 딸은 상처 입은 마음을 다음 날 학교에 가서 해소하려고 한다. 초등학생 딸은 같은 반 친구 중에 그날따라 마음에 안 드는 남자아이에게 물건을 던지고 그 물건은 그 남자아이를 상처 입힌다. 그 남자아이가 그 손님의 아들일 수도 있다. 지나친 비약이라고 해도 좋다. 맞다. 그러나 이런 소설 같고 영화 같은 일들이 현실에서도 일어나고 있다. 특히 감정은 더욱 그렇다. 눈에 보이지 않지만 분명히 존재하고 감정을 아름답게 쓰는 사람은 아름다운 인연을 향해 가는 것이듯, 분노의 감정을 쓰는 사람은 분노로 쌓은 나쁜 인연을 향해 가게 될 지도 모른다.

봄이 오기 전에는 보이지 않는 꽃과 풀들의 강인한 뿌리처럼 지금까지 살아낸 태국인 엄마 안에는 강한 삶의 뿌리들이 자리 잡고 있다. 태국에서 온 엄마는 지금 일터에서 받은 고통을 쌓아두기보다는 심리상담을 받으며 열심히 덜어내고 있다. 혼자 힘으로 감정을 해소하기 어려울 때 그 분노를 다른 사람에게 풀어내는 연약함과 비겁함 대신에 자신에게서 멈추게 하려는 안간힘을 쓰고 있다. 눈에 보이는 것은 인지가 부족해 보이는 외국여성이지만 심리적인 아름다움은 곧 흘러넘쳐 밖으로 표출될 시점에 다다를 것이다. 보이지 않지만 강한 생명력과 싱싱한 감정을 선하게 쓰고 있는 당신은 아름답다. 보이지 않지만 그렇게 결정하기만 하면 그녀의 삶은 계속해서 아름다울 것이다.

3.
그래도 당신은 사랑스럽다

모창능력자 4명이 나와서 진짜 가수와 겨루는 방송이 있었다. 그런데 사람들의 듣는 귀가 얼마나 다른지 "어떤 사람은 3번이 너무 노래를 못 하니 3번이 가수가 아니다"라고 하고, 옆에 있던 다른 방청객판정단은 "저는 오히려 반대인데요. 사람 귀가 이렇게도 다를 수 있네요. 3번이 노래를 너무 잘해서 가수인 것 같아요"라고 말한다. 분명히 우리가 알고 있는 가수는 한 사람인데 사람들마다 각자 다른 모창능력자를 선택하고 서로 자신의 귀를 믿었다가 의심하는 경험을 한다.

이 프로그램이 인기 있는 이유가 또 있다. 가수가 자신의 모창을 하는 참가자들에게 미묘한 감정을 느끼게 되는 것이다. 가수 입장에서는 나와 내 노래를 좋아하고 나를 롤모델로 삼았던 모창자들을 응원해주고 싶을 것이다. 그러나 모창능력자가 너무 노래를 잘하면 가수 자신이 탈락하게 되고, 가수 자신이 잘하면 자신을 좋아하는 모창능력자가 탈락하게 되는 것이다.

처음에 가수들은 탈락해도 괜찮다고 말하지만 점점 '탈락하면 어떡하지?'로 변해가고 "정말 괜찮을 줄 알았는데, 긴장되고 이기고 싶다"며 본마음을 드러낸다. 모창능력자들도 좋아하는 가수의 노래를 실컷 부르고 같이 방송에 참여했으니 만족한다고 하지만, 내심 '이겨보고 싶다'는 마음도 생기는 것이다. 이것이 당연한 마음이다. 여유가 있고 이성이 잘 작동할 때는 다른 사람에게 우승의 자리를 넘겨줘도 되고, '경쟁에서 좀 져도 된다'고 생각하지만 막상 그 순간이 오면 누구나 자신의 이익을 더 챙기게 되는 것이다.

우리의 마음 속에 언제부터인가 결과가 성공적이지 않으면 내가 패배한 것이 되고 만다는 공식이 생기고야 만 것 같다.

우리가 자신을 챙기고 다른 사람보다 잘하고 싶은 마음이 있는 것은 나쁘지 않다. 그것은 너무나 자연스러운 인간의 본성이다. 그러나 열심히 하다가 지거나 실패해도 아름답다. 더러는 다른 사람이 좀 이기도록 나의 어깨에 잔뜩 들어간 힘을 빼주는 것도 아름답게 보인다. 우리가 최선을 다해서 이기려고 애써도 되고, 애써서 이겨도 된다. 또 애써서 져도 괜찮다. 나에게도 끊임없이 이 말을 들려주고 싶다.

4.
일이 취미라고요?

직장인이 **뼛속까지** 직장인인 것은 좋은 것일까? 정신건강을 위해 좋은 것은 직장에만 메이지 않는 것이다. 아무리 사이가 좋은 부부나 연인이라도 일주일 내내 붙어 있으면 싸움이 나게 되어 있다. 그래서 오래도록 잘 지내는 비결은 각자 놀다가 같이 밥 먹고 같이 자는 정도로 적절하게 조율을 하는 것이다.

직장생활도 마찬가지이다. 적절하게 긴장을 풀어줘서 퇴근 후에는 직장일에서 벗어나는 것이 장기적으로는 자신을 위해서나 업무의 효율을 위해서 현명한 것이다. 그런데 의외로 취미생활을 하고는 싶은데 뭐부터 어떻게 해야 할 지 모르겠다고 말하는 사람들이 많다. 취미생활은 자신이 잘 안 해보던 것이나 해보고 싶었던 것부터 시작하면 된다.

또 취미생활을 매일 해야 할 것인지, 일주일에 두세 번

하면 되는 것인지도 궁금한 사람들도 있다. 취미생활은 막연하게 정하면 나름대로 편하게 부담 없이 해나갈 수 있어서 좋지만 사실 어느 정도 수준에 도달하지 않으면 재미가 없다. 어느 정도 수준에 오를 때까지는 매일 하는 취미활동이 좋은 것이다. 퇴근할 때쯤 되면 그리워지는 즐거움을 만들면, 하루가 얼마나 행복할까? 탁구, 배드민턴, 필라테스, 익스트림스포츠, 악기 연주, 공예품 만들기, 가구 제작, 그림 그리기, 영화 관람, 연극·뮤지컬 관람, 트로트 노래교실 등 종류가 다양하다.

주별 또는 월별로 할 수 있는 취미를 갖는 것도 좋다. 예를 들면 여행이나 등산이다. 여행은 월 1~2회는 갈 수 있지만 너무 자주는 가기 어렵다. 더 좋은 것은 혼자가 아닌 부부가 함께하는 취미생활을 하는 것이다. 서로를 이해하는 마음이 배로 늘어나서 상대를 포용하게 된다. 대화도 풍성해져서 좀 더 상대에 대해 알게 되고, 세상에서 제일 친한 친구가 될 수 있다.

퇴근이 10시인 사람도 있다. 먹고살기 **빡빡**하고 직장일하기도 바쁜데 무슨 취미생활이냐고 할 사람도 있을 것이다. 바쁘면 일주일에 2~3회라도 퇴근 후에 새로운 창조의 세계로 나를 데려가 줄 취미를 만들어 놓는 것이 내 삶을 윤택하고 생생하게 만들어줄 것이다. 그리고 일에도 분명 취미생활의 긍정적인 효과가 나타날 것이다. 일이 취미라는 말은 하지 말자. 이 세상에는 일을 잘하는 것 말고도 재미나는 일이 아주 많다.

5.
참는 자에게 복이 온다고?

내가 근무했던 대학 중에 기업으로 따지자면 중소기업에 해당하는 곳도 있다. 대학에서는 중소형대학이라고 말할 수 있다. 그러다 보니 아주 작은 일도 서로 금방 알게 된다.

어느 날 직원 한 명에게 연구실로 전화가 걸려 왔다.

"교수님 지금 제가 좀 뵈러 가도 될까요?"

무슨 일일까? 최근에 청첩장을 준 직원선생님처럼 갑자기 결혼한다고 청첩장을 내미는 건 아닐까 하는 생각에 잠깐 잠겼다가 왠지 결재나 일 얘기는 아닌 것 같아서 충분히 얘기를 들을 수 있는 시간에 만나자고 하였다.

연구실로 자리를 옮겨 어렵게 말을 꺼낸 그는 요즘 잠도 잘 못자고 우울증 약을 먹고 있다고 하였다. 학교에서 일을 하다가 작은 일만 생겨도 눈물이 난다고 하였다. 뒤에서 험담을 하는 동료가 있는데 따지기도 싫고 다 부담스럽다며, 그냥 참고 본인만 떠나면 된다고 하였다. 절이 싫으면 중이 떠나야 한다며······.

자신의 멘탈이 쉽게 무너지는 게 싫다며 다른 사람들 말에 휘둘리지 않았으면 좋겠다고 나에게 그 방법을 알려달라는 것이었다.

"심리학을 전공하시고 상담도 하시니까 저를 변화시킬

방법을 좀 알려주세요."

가만 생각해 보면 나를 포함한 주변의 사람들은 무수히 많은 관계 속에서 이리저리 휘둘리며 최선을 다해서 관계성이라는 밧줄에서 떨어지지 않으려고 안간힘을 쓰며 살아가고 있다. 아마 칼 융이 말한 집단무의식 속에 사회적 존재여야 한다고 주장해 온 인간의 역사가 고스란히 녹아들어 있는 것 같다. 우리에게는 다른 사람에게 휘둘리는 유전자가 있다고 말해도 틀린 말이 아닐 것이다.

사람은 이성적이고 합리적인 존재인 것 같아도 정서 조절이 안 되고 기분이 안 좋을 때는 오늘 입은 옷이 마음에 안 들거나, 헤어스타일이 평소와 다르거나, 음식점에 가서 시킨 음식이 맛없다는 이유만으로 눈물이 날 수도 있다. 정서는 본래 불안정하고 쉽게 변한다. 생화학적으로 뇌 활동을 정서가 휘젓거나 통제하기도 한다. 정리하자면 정서는 적극적으로 조절을 하고자 노력해야 하는 존재이다. 정서 조절은 순식간에 변화하는 마법이 아니다.

그 직원선생님은 참고 참아서 복이 온 것이 아니라 결국 직장을 포기한 것이다. 직장을 포기하거나 옮긴 것은 오히려 본인에게는 더 좋은 기회가 되기도 하니 그것이 문제가 되는 것은 전혀 아니다. 다만 참고 참아도 해결이 안 되는 일이 또 생기면 어떻게 할 것인가? 또 이직을 할 것인가? 이직이 나쁜 것도 아니고 나는 오히려 안 맞는 곳에서 죽을힘을 다해 노력하는 것을 말리고 싶은 사람이다. 죽을힘을 다해 버티는 것은 잔인하다. 하지만 언제까지 다른 사람에게 휘둘리면서 직장을 전전해야 하는가?

그냥 무조건 참고 견디고 자신의 감정을 억누르는 것은 복이 오기는커녕 병을 불러들이기 십상이다. 제발 자신을 더 소중히 사랑해야 한다고 외치고 싶다.

일본영화 〈러브레터〉에서 여주인공 후지이 이츠키는 산을 향해 외친다. "오겡끼데스까?(잘 지냅니까?)"

후지이 이츠키는 다시 되돌릴 수 없는 청춘의 사랑을 뒤늦게 알아 버리고는 얼마나 절절했을까? 그녀는 다림질한

새하얀 순면 손수건 같은 순결하고도 고귀한 마음을 한 문장에 담아서 외쳤다. "오겡끼데스까?"

사랑이든 사회생활이든 너무 참는 것은 자신에게 좋지 않다. 이런 순정을 담아서 절절히 사랑하는 사람 속에 자기 자신도 포함되기를 바란다. 그래서 스스로에게 물어봐 줬으면 좋겠다. "당신의 마음은 오겡끼데스까?"

6. 소울메이트를 만들 수 있는가?

우리는 언제부터인가 소울메이트라는 용어를 쓰면서 진정으로 내 영적 평화와 성장을 지지할 수 있는 사람에 대한 관심을 갖게 되었다.

검색을 해보면 조금씩 차이가 있지만 위키백과에 정리되어 있는 의미는 '영혼의 동료'라는 뜻으로, 서로 깊은 영적인 연결을 느끼는 중요한 인물이라고 설명되어 있다.

얼마 전 화제가 되었던 일본영화 〈잠깐만 회사 좀 관두고 올게〉의 주인공이자 신입사원 다카시는 어느 날 지하철 선로에 떨어져 죽으려고 하다가 초등학교 동창 야마모토의 도움을 받아서 자살을 멈추게 된다. 다카시의 부장은 틈만 나면 모욕적인 말과 폭력적인 행동을 서슴지 않으면서 비인간적인 언사를 내뱉는다.

부장만 다카시를 괴롭히는 게 아니다. 회사 동료들 역시 누구 하나 다카시가 마음을 털어 놓거나 함께 고민을 나눌 수 없을 것 같다. 그들이 짓는 묘한 표정을 보고 있자면 당최 무슨 생각을 하고 있는지 알 수가 없다. 더욱이 승승장구하며 계약을 잘 따오는 여자 선배 이가라시는 다카시를 열등감으로 녹아내리게 만든다. 다카시의 어깨는 점점 좁아지고 처져만 간다.

다카시가 엄청 불쌍하지만 따지고 보면 우리의 직장생활이라는 것도 크게 다르지 않다. 월급을 주는 회사의 눈치도 봐야 하고, 나를 경쟁 상대로 보는 동료와 능력 발휘를 해야 하며 치고 올라오는 후배가 부담스러운 것도 사실이다.

가끔 신선한 뉴페이스가 들어오면 왠지 내가 낡고 커다란 사무실 한편의 구식 복사기가 된 것 같은 느낌이 들 때가 있다. 이런 상황에서 회사에 소울메이트라니 가당치도 않은 희망사항이라는 생각이 든다고 해도 무리가 아니다. 하지만 사람 사는 곳은 다 비슷한 고민과 해결책이 존재하는 법이다. 나만 회사에서 외롭고 의지할 곳이 필요한 것은 아니라는 뜻이다. 생각해 보면 회사 동료는 서로의 생활을 잘 알고 있는 마음의 거리를 좁힐 수 있는 사람인 것이다. 조금씩 손해를 보더라도 좋은 관계를 맺는 사람이 꼭 필요하다.

소울메이트가 정 어렵다면 그냥 자신의 어려움을 얘기할 수 있는 동료를 두기 바란다. 내 얘기를 할 수 있는 동료가 잘 만들어지지 않는다면 회사에 상주하고 있는 상담사나 상담실을 적극 활용하기 바란다. 이도 저도 여의치 않다면 회사 밖에 내 말을 좀 들어줄 수 있는 사람을 꼭 확보한다.

내 말을 들어주는 사람을 선택할 때도 중요한 선택조건이 있다. 네 가지 정도로 정리해 볼 수 있을 것이다.

첫째, 꼭 친한 친구가 아니어도 된다.

가끔씩 참 친한 친구인데 안 맞는 부분이 많다고 생각할 때는 없는가? 우리는 친구가 될 때, 여러 가지를 시험해 보고 친구가 되는 것이 아니다. 마음이나 생각이 통하거나 의기투합하여 뭔가를 해내거나 하면서 마음이 잘 통한다고 느꼈던 시간이 있는 것이다. 그러니 당연히 내가 친구라고 가깝게 생각한 사람들이 가끔은 취미가 같거나 미워하는 대상이 같거나 일하면서 통한 사람들이지 나의 슬프고 힘들고 처진 모습을 함께 한 사람이 아닐 수 있다는 것이다. 즉 대화를 나누는 사람이 꼭 엄청난 친분이 있어야 하는 것은 아니다.

둘째, 입이 무거운 사람이 좋다.

비밀 얘기를 조심스럽게 했더니 다음 날 동네방네 소문 내는 사람은 나의 소울메이트가 될 수 없다. 나도 예전에 그런 경험이 있었다. 나이 들어 알게 된 선배와 얘기를 나누다 보니 말이 잘 통한다 싶어서 개인적인 얘기를 마음을 내서 나눈 적이 있다. 그다음 날, SNS에 모두와 함께 나누는 글에 내가 해준 얘기를 아무렇지도 않게 떠벌리는 것이었다. 그때 나는 너무나 당황스러웠고 '조심해야 할 사람이구나' 하는 생각이 들었던 기억이 있다. 나의 이야기가 엄청난 비밀은 아니지만 내가 한 모든 얘기가 공개될 수 있다면, 그 사람을 내 홍보 담당으로 쓰면 모를까 내 마음을 나눌 대상으로는 부적합하다.

셋째, 자기 말을 많이 하기보다는 내 말을 들어주는 사람이 좋다.

내가 힘들고 지치고 억울하고 분할 때, 내가 한마디하면 자기는 열 마디, 백 마디 하는 사람이 있다. 혹 떼려다가

혹 붙여 온다는 말을 들어봤을 것이다. 그의 고민까지 붙이고 너덜너덜 돌아오고 싶지 않다면 '다음에 얘기하는 게 좋겠다'며 자리를 떠나자.

넷째, 나의 힘들고 아픈 사연을 잘 들어주는 사람이 좋다.

어떤 사람은 내가 기분 좋은 이야기를 할 때는 옆에서 즐겁게 함께 있어주지만 조금 우울한 얘기를 꺼내는 순간, 집중력이 깨지고 슬금슬금 피하려는 사람이 있다. 이런 사람은 조용히 보내주자. 우울함과 슬픔을 견뎌내기 버거워하는 유리멘탈의 소유자일 수도 있다.

위의 네 가지 조건을 충족하는 사람이 두세 명 정도 있으면 좋겠다. 꼭 친하지 않더라도 입이 좀 무겁고 내 말을 많이 들어주고 나의 힘든 사연도 잘 들어주는 사람이 두세 사람만 있다면 회사생활의 어려움과 고통에서 더 빨리 벗어날 수 있을 것이다.

영화 〈잠깐만 회사 좀 그만두고 올게〉의 주인공 다카

시가 점점 자신을 회복해가고 퇴사할 때 다른 누구를 원망하거나 비난하지 않고 오히려 격려와 용서와 측은지심을 갖고 회사 사람들과 마무리 지을 수 있었던 것은 다카시의 곁에 야마모토가 있었기 때문이다. 다시 한 번 말하고 싶다. 내 슬픔과 아픔에 귀기울여 주는 사람이 나에게는 귀인이다. 또 나도 누군가에게 자발적 소울메이트가 되어 주자.

7.
성격에 맞는
감정 조절법

고슴도치를 키운 적이 있었다. 강아지를 키우자는 두 딸의 요구에 못 이겨 일종의 꼼수로 고슴도치를 선택한 것이다. 일단 강아지보다는 작아서 키우는 데 손이 덜 갈 것이고, 애완동물 코너에서 본 애완동물 중 가장 사랑스러운 외모를 갖고 있다는 단순한 이유에서였다. 그러나 머지않아 나의 착각이 불러일으킨 참사를 맞이해야만 했다.

정성껏 목욕도 시키고 똥으로 더러워진 냄새나는 케이지를 청소하며, 비위가 상해서 헛구역질을 하면서도 생명에 대한 책임감으로 열심히 키웠다. 나의 이런 정성과 희생에도 불구하고 고슴도치들은 늘 '오기만 해봐라. 찔러 줄 테다'라며 온몸과 가시로 위협하곤 했다. 실로 기분 나쁜 녀석들이다. 하지만 고슴도치의 입장에서 보면 내가 기분 나쁜 여자였을지도 모르겠다. 말라빠진 여자가(40대엔 말랐었다) 미간에 주름을 내천 자로 그리고 '어머 어머!' 하며 호들갑 떠는 꼴이 고슴도치들에겐 비호감이었을지도 모르겠다.

두 마리는 나의 무성의와 건망증 때문에 가장 부르기 쉽고 외울 것도 없는 고슴이와 도치라는 이름을 갖게 되었다. 이 둘은 성격이 정반대였다.

고슴이는 소심하고 겁이 많아 몸을 돌돌 말고 온몸으로 '오지마 부담스러워'라고 말하고 있었다. 목욕을 시키고 닦이고 몸을 말려주고 케이지 안에 넣으면 얼른 어둡고 안전한 집으로 들어가서 몸을 웅크리고 조용히 지내는 아이였다. 그것이 편하고 행복해 보였다.

도치는 몸을 닦이고 있는 동안에 잠시 나를 '이 여자는 누구지?' 하며 호기심 어린 눈으로 보다가 이내 내 손을 빠져나가서 소파 밑이나 다른 가구 밑으로 쏘옥 들어가 버렸다. 한참을 돌아다니면서 구석구석 먼지를 몸에 묻히고 나서야 밖으로 나오는 에너지가 넘치는 탐험가 같은 녀석이었다.

고슴이와 도치를 보면서 우리 두 딸을 떠올렸다. 고슴이와 도치 못지않게 성격이 극과 극을 달리는 아이들이었다. 아동상담을 하다 보면 어머니들이 늘 하는 말이다. 내 배로 낳은 애들이 왜 다 제각각이냐고. 이처럼 같은 유전자를 갖고 태어난 형제, 자매도 다 성격이 다른데 이 세상에 각양각색의 성격을 가진 사람들이 살아가는 것이 당연하다.

친구나 누군가에게 자신의 감정을 표현하는 게 중요하다는 걸 알아도 내색하지 않는 사람들이 있다. 그 이유를 살펴보면, 대부분 성격적으로 내향적인 경우가 많다. 내향적인 성격의 경우, 자신의 머릿속에서도 정리가 안 된 내용을 타인에게 얘기한다는 것 자체가 불편하기 그지없다. 내향적인 사람들은 신중하고 사고에 깊이가 있고 혼자 시간을 즐기며, 깊은 사색에도 빠져들고 그런 과정을 통해 더 큰 내적 통찰이 가능해지기도 한다.

이렇게 내향적인 사람들에게 꼭 권하고 싶은 방법이 글쓰기이다. 사람은 일단 글을 쓰면서 자연스럽게 자기 자신을 만나게 된다. 일본 작가 사이토 다카시는 글쓰기는 본인의 깊은 내면을 파고드는 드릴과도 같다고 했다. 심리학적으로도 쓰기 작업을 통해서 감정 조절이 이루어지는 것은 널리 알려진 사실이다.

글쓰기 방법에 대해서는 공부를 해서라도 배워야 할 일이다. 워크시트지를 작성하며 사색하고 진하게 감동하기를 바란다.

8.
감정 조절의 주문을 외워라

요즘 사람들은 뭔가에 잔뜩 화가 나 있다. 조금만 건드리면 쉽게 화를 폭발한다. 이럴 때 다른 사람과 함께 나의 감정을 나누거나 소울메이트를 만드는 것이 도움이 된다. 그것이 여의치 않으면 혼자서 할 수 있는 방법을 찾는 것도 좋다. 혼자서도 할 수 있는 방법 중 하나는 바로 스스로를 위한 글쓰기를 하는 것이다.

감정을 표출하는 것의 중요성에 대해 많은 연구에서 다루고 있다. 존 가트맨 박사와 최성애 박사, 조벽 교수의 감정코칭에 대한 책에서 자기 감정을 알고 표현하는 것이 감정을 컨트롤하고 자존감을 갖는 데에 도움이 된다고 하였다. 쓰기의 효과에 관한 논문도 다수 있다. 심리학자 스미스와 그린버그[1]는 우리 뇌는 글쓰기를 함으로써 화나고 혼란스러운 정서를 조직화시킨다고 하였다.

---

[1] Smyth, Joshua M., and Melanie A Greenberg. (2000). Scriptotherapy: The effects of writing about traumatic events. In Psychodynamic Perspectives on Sickness and Health, edited by Paul R. Duberstein and Joseph M. Masling. Washington DC: American Psychological Association.

이렇게 정리된 감정은 뇌에 잘 맞는 기억으로 함축되어 저장되는 것이다.[2] 글쓰기를 통해 감정을 분출시키기도 하고 정화시킬 수도 있다는 것이다.

나의 박사학위 논문 주제가 '감정표출의 제어'이다. 논문에서도 자신의 감정을 있는 그대로 감정을 일으키게 한 상대에게 표현하는 능력이 마음의 건강에 필요하다고 하였다. 하지만 자신의 감정을 있는 그대로 상대에게 표현한다는 것은 복잡하고 다양한 대인관계를 생각할 때 말처럼 쉽게 할 수 없을 것이다. 오히려 직접 그 대상에게 표현하기보다는 안전한 대상, 예를 들면 친구나 가족에게 사회생활에서 겪은 화나 고통을 표현하는 경우가 많다고 하였다. 즉, 정신적으로 건강하기 위해서는 나를 화나게 한 대상에게 직접 표현하면 좋겠지만, 그게 어려울 때는 다른 사람에게라도 내 감정을 털어놓아야 한다는 것이다.

감정 조절이나 힘든 일을 견뎌내는 내공이 순식간에 생겨나는 마법은 없다. 그러나 마법의 주문은 언제나 존재

---

[2] BETH JACOBS, 감정 다스리기를 위한 글쓰기, 김현희 · 이영식 공역, 학지사, 2008. 에서 재인용

한다. 아브라카타브라를 외쳤던 신데렐라의 대모(요정)는 마법으로 순식간에 신데렐라의 소원을 이루어 주었지만 하루도 지나지 않아 그 마법은 효력을 잃었다. 그래서 나는 좀 더디지만 오랫동안 유지되는 마법의 주문을 사람들이 갖길 원한다.

감정을 조절하는 데는 아이디어(Idea)가 필요한데 이 내용은 〈감정 다스리기를 위한 글쓰기〉[3]라는 책의 내용과 최경희(저자)의 논문[4]을 참고로 하였다.

IDEA의 I는 인터벌(Interval)을 의미한다. 시간적·공간적으로 감정으로부터 거리두기를 하는 것이다.

IDEA의 D는 데피니션(Definition)이다. 감정을 정의하고 이름을 붙여주어 내가 통제권을 갖는 것이다.

---

[3] BETH JACOBS, 감정 다스리기를 위한 글쓰기, 김현희·이영식 공역, 학지사, 2008.

[4] 최경희 2007, 일본 청소년의 감정표현제어와 스트레스, 청소년학연구, 한국청소년학회

IDEA의 E는 익스프레션(Expression)이다. 감정을 표출하는 것이다. 표현하면 눈 녹듯 사라진다.

IDEA의 A는 아브라카타브라(Abracadabra)인데, 신데렐라의 요정이 신데렐라를 변화시켰던 마법의 주문이며 이러한 마법이 우리를 변화시키기 바란다. 신기한 일이 일어나서 행복을 회복하는 마지막 관문이다. 우리의 감정을 움직이는 언어와 상상과 경험의 힘은 엄청나다. 행복과 평화를 회복할 것이다.

9.
인터벌(Interval)을 두면 이 또한 지나가리라

마법의 주문을 기억하자.
감정 조절을 위한 주문의 첫 번째 관문은 거리두기이다.

내가 인생을 살면서 힘들었던 것은 내 아이 문제로 고통이 언제 끝날지 알 수 없던 때였다.

중학교 1학년이었던 첫째 아이가 방황을 했다. 처음 담임교사의 호출로 학교에 갔을 때 우리 아이가 반항적이라는 말을 듣고 충격에 휩싸였다. 그리고 서서히 내 품에서 빠져 나가는 아이를 보면서 마치 허공을 끌어안는 것처럼 마음이 허전해졌다. 어떨 때는 심장이 떨어져 나가는 것처럼 마음이 아팠다. 그때 나를 힘들게 했던 것은 당장의 실망감, 당혹감, 슬픔, 화가 아니라 아이의 방황과 함께 이 고통이 계속될 것 같다는 생각이었다.

참 순하던 아이였는데 공격적이라니 모든 것이 나의 탓만 같이 느껴졌다. 내가 공부하겠다고 유학시절에 고작 3개월 된 아이를 데리고 가 어린이집에 맡기고 공부에 매달렸던 때부터 아이의 공격성이 자랐을까. 어릴 때부터 다른 엄마들처럼 공부를 시키지 않아서 갑자기 공부가 어려워져서 일시적으로 방황하는 거겠지. 하루에도 수십 번씩 아이와 내가 살아온 날들을 훑어나가는 고통스러운 시간들이었다.

그러나 아무리 생각해도 선생님에게 자기 의견을 말한

다고 해서 버릇 없고 반항적라는 평가를 하는 학교에는 아이를 더 이상 보내고 싶지가 않았다. 그래서 아이를 데리고 이사를 하고 전학을 시켰다. 아이를 문제라고만 보는 시각들로부터 거리두기를 한 것이다.

전학을 하면서 아이와 약속을 했다.

"언제나 엄마는 너의 편이다. 하지만 다른 사람들에게 피해를 주는 행동은 더 이상 하지 않았으면 좋겠다."

전학한 아이는 학교생활에 잘 적응하고 좋은 친구들을 사귀고, 예전의 밝고 씩씩하고 재밌는 아이로 돌아오고 있었다. 이때 사귄 친구들을 지금도 대구에 올 때마다 만나고 같이 성장해 나가고 있다.

중학교 3학년 때부터 미용에 관심이 많던 딸은 대학을 졸업하고 지금은 원하는 곳에 취업을 해서 열심히 커리어를 쌓고 있다. 생각해 보면 3개월 된 아이를 데리고 유학을 가는 것이 걱정이었던 어른들이 아이를 한국에서 키워

주겠다고 했지만 부족하더라도 엄마가 끼고 같이 살아야
한다는 굳은 결심으로 잠을 줄여가며 최선을 다해 키운 보
물 같은 아이였다.

 나중에 하고 싶은 공부가 정해지기 전까지 이것저것 마
음껏 자유롭게 해 보기를 바라며 학교 공부가 끝나면 원하
는 레고나 종이접기를 하고, 좋아하는 피구도 마음껏 하던
건강한 아이였다. 자기가 잘못했다고 생각하지 않으면 선
생님이 아무리 야단을 쳐도 잘못했다고 말하지 않는 아이
였다. 보는 시각에 따라 우리 아이는 문제아가 되기도 하
고 특별한 아이가 되기도 했다.

 우리가 감당하기 힘든 감정이 생겼을 때 시간적 거리두
기, 공간적 거리두기를 해보는 것이 중요하다. 결국 아무
리 힘든 감정도 시간이 지나면 변하기 마련이고, 끝없이
계속될 것만 같았던 고통스러운 감정도 생명이 다하면 끝
나게 되어 있다. 이러한 시각으로 감정을 바라보는 것만
으로도 훨씬 감정에 대해 희망적이 관점을 갖게 된다. 하
지만 시간이 지나서 변하고 끝난다는 것이 저절로 상처가

치유된다는 뜻은 아니다. 고통스러운 감정을 잘 어루만져 주어야만 건강하게 잘 끝날 수 있는 것이다.

고통스러운 감정을 잘 어루만져주기 위한 첫 걸음으로 다음 워크시트지 작성을 통해 시간에 따라 변하는 정서를 확인하고 내용에 대해 사색하고 묵상해보자.

워크시트지 1)

1. 다음 문장을 읽고 있는 그대로 문장을 완성하면 됩니다.
쉬워요. 그냥 지금 감정이 어떤지를 쓰면 되니까요.

오늘 날짜 :   년   월   일
이제 나의 감정을 적는 겁니다.
지금 현재의 나는 나 자신에 대해 어떻게 느끼나요?

예 나는 나 자신이 현관 앞의 매트처럼 무기력하고 아무 것도 아닌 존재같다. 허무하다.

2. 현재의 감정을 다 썼나요? 수고했어요. 이번에는 10년 전을 떠올려 보세요. 그 당시에는 어디에 살았는지, 집은 어떤 집인지, 무슨 생각을 하고, 어떤 일에 관심을 두고 있었는지요? 이 글을 작성할 때 현재 시제로 적어보세요. 마치 10년 전의 그 시간 속에 자신이 있는 것처럼 생각하고 아래의 문장을 작성하는 거예요.

자, 시작해 봅시다.

10년 전 날짜 :   년   월   일
10년 전이지만 현재시제로 적습니다.
지금 현재 나는 나 자신을 이렇게 느낍니다.

_____
_____
_____
_____
_____
_____
_____
_____
_____
_____

워크시트지의 내용은 〈감정 다스리기를 위한 글쓰기〉를 재구성한 것이다.

워크시트지에 적은 것처럼 자신에 대한 감정이나 기억을 적어 보면 10년 전에는 정말 큰 일이었는데 지금 생각해보면 아무것도 아닌 일들이 많다. 기말시험에 공부를 다 못하고 잠이 들어서 아침에 불안과 공포에 휩싸여 덜덜 떨었던 때도 있을 것이다. 또 사랑하는 사람과 멀어지게 되어 가슴이 찢어질 것 같이 힘들었던 일을 겪은 사람도 있을 것이다.

하지만 시간이 지나면서 무뎌지지 않았는가? 그처럼 지금 겪고 있는 이 감정들도 시간이 필요할 것이다. 그리고 지금 당장 고통스러운 공간 안에 있다면 집과 일터를 떠나서 공원이라도 산책해보자. 시간과 공간에 간격을 두기를 바란다.

10.
이름을 붙여줘야
감정이 순해진다 : Definition

 감정 조절을 위한 주문의 두 번째 관문은 이름 붙여주기와 정의 내리기이다. 특별한 감정이 어떤 감정인지 깊이 아는 것은 목표를 잘 설정하게 해준다. 모호하고 산만한 감정은 집중하기 어렵게 한다. 따라서 감정에 이름을 부여하고 문제가 되는 감정에 정확한 테두리를 그려주는 것이다. 그렇게 하고 나면 감정을 다루기 쉬워지고 컨트롤할 수 있게 된다.

 김춘수 시인도 '꽃'이라는 시에서 노래하고 있지 않은가?

내가 그의 이름을 불러주기 전에는
그는 다만
하나의 몸짓에 지나지 않았다.

내가 그의 이름을 불러주었을 때

그는 나에게로 와서

꽃이 되었다.

내가 그의 이름을 불러준 것처럼

나의 이 빛깔과 향기에 알맞는

누가 나의 이름을 불러다오.

그에게로 가서 나도

그의 꽃이 되고 싶다.

우리들은 모두

무엇이 되고 싶다.

너는 나에게 나는 너에게

잊혀지지 않는 하나의 눈짓이 되고 싶다.

   내가 경험하고 있는 이 감정을 도대체 뭐라고 이름을 붙여주고 어떻게 그 감정을 길들일 것인가 여러 가지 경험을 나누어 보라. 시간에 따라 변하는 정서를 경험하기 위해 워크시트지를 작성해 보고 내용에 대해 사색하고 묵상해 보자.

워크시트지 2)

감정 알아가기

자주 느끼는 감정에 대해 알아봅시다. 방법은 간단합니다. 그 감정을 느낄 때 나의 사고(생각), 감각기관의 경험, 신체적 신호에 대해 적어보면 자신의 주요감정에 대한 이해도가 높아집니다. 1. 사고(생각), 2. 감각, 3. 신체현상에 대해 생각하고 적어봅시다.

1. 사고(생각) : 당신이 자주 느끼는 감정과 함께 어떤 생각을 하는지 자유롭게 적어주세요.
   예 슬플 때는 내가 바보같다는 생각을 한다.

2. 감각 : 당신이 자주 느끼는 감정과 함께 어떤 이미지나 감각을 경험하는지 자유롭게 적어주세요.
   예 슬플 때는 파란 색이 떠오른다.

3. 신체 : 당신이 자주 느끼는 감정과 함께 어떤 신체적 경험을 하는지 자유롭게 적어주세요.
   예 슬플 때는 목소리에 힘이 없어진다.

감정의 이름 : _____

1. 사고(생각)

_____
_____
_____
_____

2. 감각

_____
_____
_____
_____

3. 신체

_____
_____
_____
_____

워크시트지의 내용은 〈감정 다스리기 위한 글쓰기〉를 재구성한 것이다.

11.
감정을 표출하라 : Expression

감정 조절을 위한 주문의 세 번째 관문은 표출하기이다. 다양한 감정 중에서 우리가 원하는 것은 평화롭고 즐겁고 행복하고 긍정적인 마음 상태일 것이다. 그러기 위해서 신체를 움직여서 글을 쓰는 행동을 통해 축적되어 있는 부정적 감정을 털어내는 작업을 3개의 워크시트지를 통하여 함께 해보자.

먼저 워크시트지 3)은 아무렇게나 기호로 쓰기이다. 방법은 간단하다. 내가 좋아하는 볼펜이나 연필을 가지고 1분을 타이머나 시계로 재면서 평소에 글씨를 쓰듯이 쓰면 된다.

속도와 글자의 크기 등을 유사하게 하면서 아무 그림이나 기호를 마구 아무렇게나 그리는 것이다. 글쓰기를 위한 워밍업같이 느껴지기도 하고 재미있지만 또한 감정이 조금은 해소되는 경험을 할 수 있을 것이다. 나는 그런 느낌을 알기에 손을 자유롭게 하여 싸인펜으로 마구 기호를 그려나가다 보면 금방 1분이 흘러간다. 한 페이지를 가득 채운 이상한 기호를 바라보며 점점 뭔가 의미있는 글씨를 쓰고 싶어진다.

워크시트지 3)

아무렇게나 기호로 쓰기

1분 동안 아무 내용 없이 기호나 그림을 그려보세요.

워크시트지의 내용은 〈감정 다스리기를 위한 글쓰기〉를 재구성한 것이다.

다음으로는 자신의 생각이나 감정이 떠오르는대로, 의식이 흐르는대로 자유롭게 글을 쓰는 것이다. 방법은 편안하고 좋아하는 장소에서 5분간 알람을 맞춰놓고 빠르게 글을 써버리는 것이다.

나는 5분 동안 보통 A4 용지로 한 페이지에서 한 페이지 반 정도의 글을 쓴다. 5분 동안 자유롭게 글을 쓰고 나서 물 한잔을 마시고 오거나 커피를 들고 거실을 빙빙 돌아본다. 주위를 환기시키고 나서 내가 쓴 글을 읽어보면 내가 현재 중요하게 생각하는 일에 대해 새삼 알게 되고 내가 일하는 방식이나 나의 감정에 대해 잘 알게 된다. 나를 더 잘 이해하게 되는 것이다.

워크시트지 4)

의식이 흐르는 대로 자유롭게 글쓰기

5분 동안 쉬지 않고 글을 쓰는데, 너무 힘들면 잠시 쉴 수 있습니다.

_____
_____
_____
_____
_____
_____
_____
_____
_____
_____
_____
_____
_____
_____
_____

워크시트지의 내용은 〈감정 다스리기를 위한 글쓰기〉를 재구성한 것이다.

마지막으로 감정을 해소하기 위해서 부정적이고 느끼고 싶지 않은 감정을 털어버리는 방법을 소개하고자 한다. 글로 부정적인 감정을 쓰는 것의 장점은 내가 마음껏 감정을 표현해도 상대방이 상처받지 않고 감정 표현에 대한 사과를 하지 않아도 된다는 것이다. 가끔씩 내가 화가 난 대상에게 내 감정을 풀어보고 싶다고 생각하지만 현실에서 그것을 감행하는 것은 굉장한 모험이 될 수도 있다.

내가 어떤 대상에게 쏟아붓고 싶은 화나 거친 감정이 있다면 글로 쓰는 것이 말로 하는 것보다도 더 강하고 구체적으로, 그리고 신랄하게 말할 수 있어서 표현의 효과가 크다. 어떤 사람에게 부정적 감정을 말로 표현하거나 화를 내면 그 말을 주워 담고 싶은 순간이 오더라도 이미 엎질러진 물이다. 하지만 글로 쓴 내용은 나 혼자 보고 박박 찢으면 그만이다. 이 글을 쓴 워크시트지를 아무데나 던져놓지만 않으면 된다.

워크시트지 5)를 작성하는 방법은 자신이 느끼는 최악의 분노와 감정을 마구 쏟아내고 토해내는 것이다. 감정의 쓰레기통이라고 생각하고 뭐든지 쏟아내고 할 수 있는 만큼 심한 말로 작성을 하면 된다.

워크시트지 5)

최악의 감정을 쏟아내는 글쓰기

12.
마법에 걸려라! : Abracadabra

　마지막 관문이다. 나를 평온하게도 하고 행복하게도 하는 것들은 어떤 것인가? 이 전 단계에서 나쁜 감정을 다 쏟아냈다면 그 빈자리를 예쁘고 사랑스러운 것들로 채우는 것이다.

　나를 평온하게 하는 장면은 장엄한 무언가가 아니라 매우 단순한 장면이다. 비 오는 날 마루에 앉아 비 떨어지는 소리를 듣는 것, 햇살이 따스한 오후에 카페에서 에스프레소를 마시는 것, 빈티지 레이스가 아름다운 테이블보를 깔고 오래된 내 사람의 주름진 웃음과 함께 설탕 넣은 티를 마시는 식탁 등이 피곤한 하루의 휴식처가 되기도 한다. 또 12월의 어느 저녁 5시 15분, 겨울 이른 저녁의 구름과 그 속에 스며들어 가는 노을빛, 하얀 눈이 쌓인 감나무의 주홍빛, 귀가 떨어질 듯 차가운 겨울거리를 쏘다니다가 들어간 카페에서 우연히 만난 향 좋은 차와 앙꼬 꽉 찬 황남빵. 나지막한 담벼락과 연한 담쟁이……. 이런 것들은 보거나 듣거나 상상하는 것만으로도 우리를 충분히 평화와 행복의 길로 안내한다.

이준익 감독의 영화 〈변산〉에서 선미는 자신을 노을 마니아라고 소개한다. 그리고 짝사랑했던 학수에게 하늘을 꽉 채우던 슬프고도 아름다운 노을을 같이 보러가자고 말한다.

"노을 보러 갈텨?"

비, 햇살, 커피, 노을 이런 것들이 나를 평온하게 하는 장면이 될 수 있을 것이다. 그리고 내가 감정을 진정시켜야 할 때, 아름답고 좋고 평온한 것들을 상상하는 것만으로도 우리의 감정이 평온해짐을 느낄 수 있을 것이다.

감각에 집중함으로써 나의 주의를 다른 것으로 옮기는 것은 매우 현명한 방법이다. 나는 많이 힘들거나 친구에게 털어놓고 글쓰기로 감정을 표출해도 스트레스가 해소되지 않고 감정이 정화되지 않을 때는 주기도문을 종이에 적는다. 내가 기독교 신자이기 때문에 주기도문을 적지만 불교 신자는 반야심경을 적어도 될 것이다. 종교가 없는 사람들은 마법의 주문을 외워도 될 것 같다.

"마법에 걸려라! Abracadabra~"
"계속 행복해라! Abracadabra~"
"멋진 삶에 감사한다! Abracadabra~"

인지발달이론가 피아제도 우리의 지식이 조작과 같은 복잡한 개념과 구조로 발전하게 되는 것은 결국 표상을 통해 이루어진다고 하였다. 아이들을 키우다 보면 막무가내로 말도 안 통하고 떼쓰거나 울던 아이들이 제법 대화가 통하는구나 싶은 순간이 온다. 2살 정도 되면 그 때가 되는데, 그 전에는 엄마가 회사에 간다고 하면 아무리 설명해도 헤어지기 싫다고 울고불고 눈물바람 콧물바람 하던 아이들이 슬슬 진정이 되어 가는 것이다.

피아제는 이를 '대상영속성'이라고 했다. 2살이 되면 엄마가 눈앞에서 잠깐 사라져 직장으로 향해도, 여전히 엄마가 존재하고 저녁이 되면 자신에게로 환하게 웃으며 돌아올 것이라는 것을 알게 된다는 것이다. 참 기특한 노릇이다. 머릿속에서 상상하는 것만으로도 우리는 실체가 눈앞에 보이지 않지만 존재하고 있음을 알고 엄마에게 사랑받고 있고 보호받고 있음을 아는 것이다.

 실체가 없는 상상력만으로도 우리는 충분히 즐기고 안심하고 행복할 수 있다. 또는 글을 써서 정서를 안정시킬 수도 있다. 또 실제로 아름답고 좋은 사물을 감각기관으로 경험하면서 평안을 줄 수도 있다. 정말 다양한 방법으로 우리를 행복하게 해줄 수 있는 것이다.

 아무리 좋은 약을 받아와도 안 먹으면 효과가 없다. 이제 우리들의 실천이 남아 있다. 나도 직장생활을 하고 있지만 웬만한 내공으로는 견디기 어려운 것이 직장생활이고 사회생활이다. 하지만 좀 더 자기감정을 잘 다룬다면 직장생활을 견디는 것이 아니고 즐길 수도 있다. 즐긴다는 말이 거슬린다면 비교적 즐길 수 있다는 말로 바꾸어도 좋다.

우리의 삶을 돌아보면, 참 열심히도 달려온 것 같다. 이제 조금 더 우리를 아껴주며 좋은 감정조절의 아이디어(Idea)를 실천한다면 즐거움, 행복감, 평안함을 느끼면서 직장생활만이 아니라 삶의 내공도 키워낼 수 있을 것이다.

에필로그

중소기업에 근무하는 것이 대기업에 비해서 여러 가지로 단점이 많아 보이는 것이 사실이다. 하지만 중소기업을 경험해 본 결과 조금만 노력하면 훨씬 많은 성취감을 맛볼 수 있고 대기업 직원들이 누릴 수 없는 많은 혜택도 누릴 수 있는 곳이다. 멀티로 일해야 하니 짜증이 날 때도 있었지만 대기업에서 근무할 때는 해보지 못했던 일을 직접 해 볼 수 있다는 것이 오히려 행복할 때도 있었다.

대기업에서는 여러 부서에서 간섭받는 일이 있지만 중소기업에서는 내가 맡아서 진행하는 일은 내가 제일 전문가다. 또한 대기업에서는 반복되는 업무만 하다 보니 나 자신이 방전되어 가고 있다는 느낌이었는데 중소기업에서는 여러 가지 색다른 경험들을 하는 동안 재미도 느낄 수도 있었다.

내가 인사팀장으로 있을 때 회사에 소송이 생겨서 그 업무를 맡게 되었다. 그때의 막막했던 심정은 잊을 수가 없다. 하지만 변호사와 미팅을 하고 자료 준비를 하면서 살아 있는 공부를 할 수 있었고, 10여 차례 검찰조사에 출석하다 보니 많은 법적 지식도 쌓였으며 새로운 인맥들이 많이 생기게 되었다. 이러한 경험이 훗날 전문경영인이 되었을 때 소중한 자산이 되었다. 그때 맺은 인연들은 회사를 퇴사한 이후에도 이어졌고, 일부는 평생 친구가 되어 지금까지도 이어져 오고 있다.

대기업과 달리 혼자 북 치고 장구 치고 하다 보니 일을 하는 도중에 지치지도 않았고, 회사 내에 법무 담당자가 따로 없으니 오히려 주도적으로 일해서 좋은 성과를 낼 수 있었다. 일을 마친 후 느끼는 보람과 성취감은 고유 업무를 하면서는 느낄 수 없는 쾌감이었다.

세상에서 제일 행복한 사람이 누구라고 생각하느냐고 물을 때 자기가 좋아하는 일을 하는 사람이라고들 답한다. 바로 자기 적성에 맞는 일을 하는 사람이란 뜻일 것이다. 본인 적성에 맞는 일을 찾아낼 수 있는 곳은 대기업보다 중소기업일 확률이 높다.

대기업과 외국계기업과 중소기업 두 곳을 거친 나의 경험을 세상에 책으로 내놓기로 결심한 후 원고를 집필하는 동안 과거의 기억들이 떠오르면서 너무나 감회가 새로웠다.

때론 대기업에 그냥 다닐 걸 괜히 나와서 안 해도 되는 고생을 한다고 푸념하면서 술잔을 기울였던 기억, 중소기업으로 전직하였기 때문에 만날 수 있었던 회사 안팎의 친구들, 선후배들, 그분들과 함께 울고 웃었던 많은 시간들이 떠올랐다.

나는 중소기업이라는 단어 자체부터 바뀌어야 한다고 생각한다. 대기업과 중소기업으로 구분하다 보니 중소기업에 다닌다고 말하는 순간부터 기가 죽는 느낌이다. 중소기업 말고 좀 더 진취적인 호칭으로 불리는 걸 희망한다. 정부에서도 중소벤처기업부라는 명칭을 사용하고 있는데 중소기업과 벤처기업은 무엇이 다른지 일반인들은 알기 어려운 측면이 있고 굳이 중소기업이라는 단어보다는 다른 명칭을 사용할 것을 제안한다.

그리고 대기업 갑질이 심하다고들 하는데 천만에 말씀이다. 정부기관과 정부기관 연구원들의 중소기업에 대한 갑질이 훨씬 심한 것을 경험할 수 있었다.

중소기업은 조직만 작을 뿐이지 명확하고 구체적인 비전이 있고, 확실한 도전정신만 가지고 정진하면 대기업보다 더 큰 성취감을 낼 수 있는 곳이다.

그래도 꼭 대기업에 취업하고 싶다면 대기업에 들어가기 위해 자격증 공부 등을 하면서 취업 재수를 하는 것보다는, 중소기업에 입사하여 3년 정도 업무 경력을 쌓아서 대기업의 경력사원 채용에 응시하는 것이 좀 더 취업 확률이 높다. 흔히들 중소기업은 처우도 좋지 않고 열악하고 안정성이 떨어진다고들 한다. 하지만 우리나라 기업의 90% 이상은 중소기업이고, 우리나라가 선진국이 되기 위해서는 중소기업이 강해져야만 한다. 도전정신을 가진 사람들이 많이 나와야 하고 성공하는 중소기업들도 많이 나와야 한다.

정부에서는 오너들과 간담회를 통해 애로사항을 파악하기보다 중소기업에 근무하고 있는 직원들이 실질적으로 혜택을 볼 수 있는 제도를 입안하는 것에 관심을 두기를 희망한다.

실제 경험해 보니 의식전환만 긍정적으로 하면 대기업보다 실적도 훨씬 많이 낼 수 있고, 처우도 얼마든지 개선해 나갈 수 있는 곳이 중소기업이다. 또한 노력에 따라 무궁무진하게 개척할 것이 많은 황무지 같은 땅이기도 하다.

작가 김기태